D1674553

Hanns G. Laechter

DER GROSSE WITZE BRÜLLER

WILHELM HEYNE VERLAG
MÜNCHEN

Verlagsgruppe Random House FSC-DEU-0100
Das für dieses Buch verwendete
FSC®-zertifizierte Papier *Holmen Book Cream*
liefert Holmen Paper, Hallstavik, Schweden.

Originalausgabe 03/2011

Copyright © 2011 by Wilhelm Heyne Verlag, München,
in der Verlagsgruppe Random House GmbH
Printed in Germany 2011
Umschlaggestaltung: Eisele Grafik-Design, München
Umschlagillustration: Steffen Gumpert, Berlin
Satz: KompetenzCenter, Mönchengladbach
Druck und Bindung: GGP Media GmbH, Pößneck
ISBN: 978-3-453-68552-9

www.heyne.de

Ein junger Mann geht spazieren und sieht eine verschrumpelte, faltige, kleine Frau, die glücklich in ihrem Schaukelstuhl auf der Veranda sitzt.

»Entschuldigen Sie,« spricht er die Frau an, »aber Sie sehen so zufrieden und glücklich aus. Was ist das Geheimnis Ihres Lebens?«

Die Frau antwortet: »Jeden Tag 60 bis 80 Zigaretten, mindestens eine Flasche Schnaps, keinen Sport und jede Menge junger Männer … und das mein ganzes Leben lang!«

»Unglaublich!«, staunt der Mann, »und darf ich Sie fragen, wie alt Sie jetzt sind?«

»Neununddreißig …«

Dr. Piensle zum Patienten:

»Wie viele Stunden schlafen Sie denn täglich?«

»Höchstens drei Stunden, Herr Doktor!«

»Das ist aber sehr wenig!«

»Mir genügt es, in der Nacht schlafe ich ja fast zehn!«

☺

Ein Lkw wird auf der Autobahn von einer Blondine in einem Mercedes-Cabrio fies geschnitten und kommt fast von der Straße ab. Wütend rast er hinterher, schafft es, sie zu überholen, um sie auf einen Rastplatz zu drängen. Er holt sie aus dem Wagen und schleppt sie ein paar Meter davon weg, zeichnet mit Kreide einen Kreis um sie und warnt: »Hier bleiben Sie stehen, und wehe, Sie verlassen den Kreis!!!« Dann widmet er sich dem Wagen: Mit einem Schlüssel zerkratzt er den Lack von vorne bis hinten. Als er danach zur Blondine schaut, grinst diese völlig ungeniert. Das macht ihn noch wütender, er holt aus seinem Lkw einen Baseballschläger und zertrümmert die Scheiben des Mercedes. Sie grinst noch viel breiter! »Ach, das finden Sie witzig?«, schimpft er und beginnt, die Reifen mit einem Messer zu zerstechen. Die Blondine bekommt vor lauter Kichern schon einen roten Kopf. Nachdem er auch die Ledersitze und das Cabrio-Dach aufgeschlitzt hat und das Mädel sich vor Lachen kaum noch auf den Beinen halten kann, baut er sich vor sie auf und brüllt sie an: »WAS IST? WARUM LACHEN SIE SO BLÖD???« Kichernd sagt sie: »Immer wenn Sie nicht hingeguckt haben, bin ich schnell aus dem Kreis gehüpft!«

☺

Im Briefkasten liegt eine Urlaubspostkarte. »Gute
Nachrichten von Müllers aus Las Palmas! Es regnet
in Strömen. Das bedeutet zweihundert Urlaubs-
dias, die wir uns nicht ansehen müssen!«

☺

Zwei Jungen stehen vor dem Standesamt und
betrachten interessiert ein Brautpaar.
»Hör mal«, sagt der eine, »wollen wir die mal
erschrecken?«
»Ja«, sagt der andere, läuft auf den Bräutigam
zu und ruft: »Hallo, Papa!«

☺

Gerstensaft und stramme Weiber
sind die schönsten Zeitvertreiber!

☺

Der Chef verkündet den Matrosen auf dem Pira-
tenschiff: »Männer, ich hab eine gute und eine
schlechte Nachricht für Euch. Zuerst die gute:
Ab heute gibt's eine doppelte Portion Rum pro
Mann. Nun die schlechte: Der Kapitän will heute
unbedingt Wasserski fahren.«

☺

Anlässlich seines 95. Geburtstags wird ein greiser Herr im Altersheim für einen Bericht in der Lokalzeitung interviewt.

Reporter: »Wie fühlen Sie sich in Ihrem Alter und in dieser Umgebung?«

Greis: »Danke, sehr gut.«

Reporter: »Wie sieht denn Ihr Tagesablauf hier drin aus?«

Greis: »Morgens: Erst mal pissen!«

Reporter: »Und? Keine Probleme?«

Greis: »Ach wo! Harter Strahl, kein Brennen, gesunde Farbe!«

Reporter: »Und dann?«

Greis: »Stuhlgang.«

Reporter: »Irgendwelche Beschwerden?«

Greis: »Keine Spur. Ausreichender Druck, kein Blut, ganz normale Darmentleerung.«

Reporter: »Wie geht es dann weiter?«

Greis: »Nun ja, dann stehe ich auf.«

Stöhnt der Psychiater: »Also, Herr Westerwelle, ich kann Ihnen nicht helfen, wenn Sie immer nur mit ›Kein Kommentar‹ antworten ...«

Ein Schotte möchte die Todesanzeige für seine verstorbene Frau in der Zeitung veröffentlichen lassen. Als er gefragt wird, wie die Anzeige aussehen soll, sagt er nur:

»Linda ist tot.«

Als der Redakteur der Zeitung hört, dass das alles sein sollte, was der Mann nach 40 Jahren Ehe seiner gestorbenen Frau mitgibt, machte er den Schotten darauf aufmerksam, dass drei Wörter in der Anzeige genauso viel kosten würden wie sieben. Daraufhin sagte der Schotte glücklich:

»Dann schreiben Sie: Linda ist tot und Golf zu verkaufen!«

Die Münchner Pinakothek hat einen neuen Aufpasser eingestellt. Dienstbeflissen meldet sich der Mann am Ende seines ersten Arbeitstages beim Direktor ab:

»Ist besser gelaufen als gedacht. In zwei Stunden habe ich drei Bilder von Van Gogh und einen Picasso verkauft!«

Drei Männer brüsten sich, wer der Beste im Bett sei. Der Erste: »Ich hab gestern Nacht dreimal mit meiner Frau geschlafen und heute morgen hat sie mir ins Ohr geflüstert, dass ich der Tollste sei.«

Der Zweite: »Ich habe letzte Nacht fünf Mal mit meiner geschlafen. Heute morgen hat sie mir zugestanden, dass ich der beste Liebhaber aller Zeiten bin.«

Der Dritte: »Ich hab letzte Nacht einmal mit meiner Frau geschlafen.«

»Was, nur einmal? Und was hat Sie heute morgen gesagt?«

»Hör nicht auf.«

☺

Beschwert sich der Martin aus Traunstein bei seinem Vater: »Du, Vatta, des Englische is scho a komische Sprach: I hoast ei, Ei hoast eck, Eck hoast koarner und koarner hoast nobody.«

☺

Chef zum verspäteten Mitarbeiter: »Sie kommen diese Woche schon zum vierten Mal zu spät. Was schließen Sie daraus?«

»Es ist Donnerstag!«

☺

»Regnet es hier bei Ihnen eigentlich immer?«, fragt ein norddeutscher Sommerurlauber einen bärtigen Tiroler.
»Nein, im Winter schneit's.«

☺

Lennard und Magnus torkeln aus einer Kneipe. Sie beginnen zu diskutieren, welche Farbe der Mond hat. Der eine meint grün und der andere sagt, er wäre lila. Nach einer Weile murmelt Lennard:
»Weißt du was? Fragen wir doch den Polizisten da vorne, der wird es wissen.« Gesagt, getan. Sie gehen zum Polizisten und fragen ihn:
»Herr Wachtmeister, welche Farbe hat der Mond, grün oder lila?«
Der Wachtmeister dreht sich um und antwortet:
»Ja, welchen Mond meint ihr denn? Den rechten oder den linken?«

☺

Zwei Musiker unterhalten sich:
»Orgel und Klavier unterscheiden sich vor allem dadurch, dass an der Orgel die größeren Pfeifen sitzen!«

Häschen beim Bäcker: »Gib mir ein Brot, du Arsch.«

Der Bäcker gibt ihm das Brot und sagt: »Nanana, das geht aber freundlicher!«

Am nächsten Tag kommt Häschen wieder: »Ein Brot, du Arsch.«

Bäcker: »Hey! Wenn du mich noch einmal Arsch nennst, nagle ich dich mit den Ohren an die Decke!«

Tags darauf kommt das Häschen wieder: »Haddu Nägel?«

Bäcker: »Nein!!!«

Häschen: »Dann gib mir ein Brot, du Arsch!«

Theo wendet sich an die Verkäuferin in der Zoohandlung:

»Der Papagei, den ich erst kürzlich bei Ihnen gekauft habe, hat eine blöde Angewohnheit. Er imitiert das Quietschen unserer Wohnzimmertüre. Was soll ich nur machen?«

Die Verkäuferin rät ihm: »Haben Sie es schon mal mit Öl versucht?«

Darauf Theo entsetzt: »Würde sich der Papagei das wohl gefallen lassen?«

☺

Nach langer Arbeit sind die beiden Teppich-
verleger endlich mit dem fünfzig Quadratmeter
großen Wohnzimmer fertig. In der Mitte hat der
neue Teppichboden leider eine Beule. Da sagt der
eine zum anderen:
»Oh, das sind wohl meine Zigaretten.«
Meint der andere: »Aber ehe wir jetzt noch einmal alles aufreißen, treten wir die Zigaretten lieber platt.«
Gesagt, getan.
Plötzlich kommt die Besitzerin des Hauses rein
und sagt: »Meine Herren, ich habe Ihnen Kaffee
gemacht. Und einer von Ihnen hat seine Zigaretten drüben in der Diele liegen lassen. Ach so,
und … haben Sie vielleicht irgendwo unseren
Wellensittich gesehen?«

☺

Fritz bemerkt bei seinem Arbeitskollegen Tobi
einen Ohrring: »Ich wusste gar nicht, dass du so
einer bist. Seit wann trägst du ihn denn?«
»Seit gestern. Meine Frau hat ihn in unserem Bett
gefunden.«

☺

Im Wartezimmer beim Psychiater steht plötzlich einer auf, klopft sich auf die Brust und schreit: »Ich bin Tarzan!«
Der Arzt kommt raus und fragt: »Wer hat Ihnen das gesagt?«
»Der liebe Gott!«
Da meldet sich ein anderer aus der Ecke: »Was soll ich gesagt haben?«

☺

Auf dem Gang vor dem Neugeborenenzimmer stehen zwei Väter und sehen durch die Scheibe zu den Babys.
Sagt der eine: »Finden Sie nicht auch, dass mein Sohn viel Ähnlichkeit mit mir hat?«
»Schon. Aber es gibt wirklich Schlimmeres. Hauptsache, der Junge ist gesund!«

☺

»Und was geschieht, wenn du eines der zehn Gebote brichst?«, erkundigt sich der Pfarrer in der Religionsstunde.
Frank meint nach kurzem Überlegen: »Na, dann sind's eben nur noch neun!«

☺

Makler: »Dieses Haus hat für Sie als Meteorologe noch viele zusätzliche Vorteile. Im Norden befindet sich eine Mülldeponie, im Osten ist die Kläranlage, im Süden eine Kompostierungsanlage und im Westen liegt die Fischfabrik.«

Käufer: »Mein Gott und welche Vorteile sollte das haben?«

Makler: »Sie wissen immer, aus welcher Richtung der Wind kommt und können die richtige Wetterprognose stellen.«

Käufer: »Gebongt!«

Der Papst versammelt im Vatikan alle Kardinäle: »Meine Herren, ich habe Ihnen eine äußerst gute und eine schlechte Mitteilung zu machen. Zuerst die gute Nachricht: Gott, unser Herr, ist wieder auf Erden. Die schlechte Nachricht: Er hat mich gerade aus Mekka angerufen.«

Frau Huber hat Drillinge bekommen. Der 7-jährige Bruder wird gefragt, wie sie heißen.

»So wie ich Papi verstanden habe: Himmel, Arsch und Zwirn!«

Wie habe ich das gehasst: Als ich jung war und zu einer Hochzeit eingeladen wurde, pieksten mich Tanten und großmütterliche Bekannte in die Seite und dann hieß es immer: »Du bist die Nächste.«
Sie haben damit erst aufgehört, als ich anfing, auf Beerdigungen das Gleiche mit ihnen zu machen.

☺

Treffen sich zwei Kannibalen, der eine hat ein Skelett unter dem Arm.
Fragt der andere: »Was willst du denn mit dem Gerippe?«
Meint der erste: »Na, zurückbringen natürlich. Das ist Leergut, vielleicht gibt's Pfand drauf!«

☺

»Guten Abend, Herr Trinkel, Sie haben doch diese neuen Potenzpillen entwickelt, da wollte ich mal fragen, ob es auch ein Gegenmittel gibt?!«
»Warum?«
»Meine Freundin hat gerade angerufen, sie kann heute Abend doch nicht!«

☺

Fasziniert beobachtet Alexandra, wie ihr Bruder Kai am Aquarium herumhantiert.
»Was tust du da ins Aquarium, Kai?«
»Wasserflöhe!«
Sagt Alexandra völlig entrüstet: »Aber Kai, das finde ich nicht lustig! Wo sich die armen Fische doch gar nicht kratzen können!«

☺

»Was halten Sie als Lehrer davon, dass immer jüngere Schülerinnen sich schminken?«
»Das ist schon in Ordnung, die heulen wenigstens nicht, wenn man schlechte Noten verteilt.«

☺

Auf dem Lande fährt der Herr Doktor mit seiner Frau im Affenzahn durch die Ortschaft. Immer wieder mahnt die Gattin ihn zur Mäßigung: »Schatz, fahr doch nicht so schnell. In jedem Moment könnte dich der Dorfpolizist erwischen, und dann redet das ganze Dorf über uns!«
»Keine Sorge, Engelchen«, beruhigt sie ihr Mann, »dem Polizisten habe ich vor zehn Minuten strengste Bettruhe verordnet!«

☺

Der Papst stirbt und kommt an die Himmelstür.

Petrus begrüßt ihn und fragt nach seinem Namen.

»Ich bin der Papst!«

»Papst, Papst ...«, murmelt Petrus.

»Tut mir leid, ich habe niemanden mit diesem Namen in meinem Buch.«

»Aber ... ich bin doch der Stellvertreter Gottes auf Erden!«

»Gott hat einen Stellvertreter auf Erden?«, sagt Petrus verblüfft.

»Komisch, hat er mir gar nichts von gesagt ...«

Der Papst läuft rot an.

»Ich bin das Oberhaupt der Katholischen Kirche!«

»Katholische Kirche ... nie gehört«, sagt Petrus.

»Aber warte mal einen Moment, ich frag den Chef.«

Er geht nach hinten in den Himmel und sagt zu Gott:

»Du, da ist einer, der sagt, er sei dein Stellvertreter auf Erden. Er heißt Papst. Sagt dir das was?«

»Nee«, sagt Gott. »Kenn ich nicht. Weiß ich nichts von. Aber warte mal, ich frag Jesus.«

Jesus kommt angerannt.

»Ja, Vater, was gibt's?«

Gott und Petrus erklären ihm die Situation.

»Moment«, sagt Jesus, »ich guck mir den mal an. Bin gleich zurück.«

Zehn Minuten später ist er wieder da, Tränen lachend.

»Ich fass es nicht«, grölt er. »Erinnert ihr euch an den kleinen Fischereiverein, den ich vor 2000 Jahren gegründet habe? Den gibt's immer noch!«

☺

Nach der Wahl bekam Angela Merkel einen neuen Chauffeur. Die erste Fahrt von Berlin nach Hause: Bei jeder Telefonzelle bittet Merkel den Chauffeur, anzuhalten.

Sie steigt aus, nimmt den Hörer, wirft 20 Cent hinein, horcht kurz, lächelt, legt den Hörer wieder auf und geht zurück zum Auto. Das geht die ganze Fahrt so. Bei einer Telefonzelle wird es dem Chauffeur zu bunt. Er steigt aus, schleicht sich an und belauscht die Kanzlerin. Diese nimmt den Hörer, wirft 20 Cent ein und fragt: »Wer ist die Schönste im ganzen Land?«

»Du, du, du, du, du, du, du ...«

Kommt ein Hengst in den Bäckerladen und fragt: »Haben Sie Stuten?«

☺

Ein Rechtsanwalt saß im ICE einer Blondine gegenüber, langweilte sich und fragte, ob sie ein lus-
tiges Spiel mit ihm machen wolle. Aber sie war
müde und wollte schlafen. Der Rechtsanwalt gab
nicht auf und erklärte, das Spiel sei nicht nur lustig, sondern auch leicht: »Ich stelle eine Frage und
wenn Sie die Antwort nicht wissen, zahlen Sie
mir 5 Euro und umgekehrt.«
Die Blonde lehnte ab und stellte den Sitz zum
Schlaf zurück. Der Rechtsanwalt blieb hartnackig
und schlug vor: »O. K., wenn Sie die Antwort
nicht wissen, zahlen Sie 5 Euro, aber wenn ich die
Antwort nicht weiß, zahle ich Ihnen 500 Euro!«
Jetzt stimmte die Blonde zu und der Rechtsanwalt
stellte die erste Frage: »Wie groß ist die Entfernung von der Erde zum Mond?«
Die Blondine griff in die Tasche und reichte ihm
wortlos 5 Euro rüber. »Danke«, sagte der Rechtsanwalt, »jetzt sind Sie dran.«
Sie fragte ihn: »Was geht den Berg mit 3 Beinen
rauf und kommt mit 4 Beinen runter?«
Der Rechtsanwalt war verwirrt, holte seinen Laptop raus, schickte E-Mails an seine Mitarbeiter,
fragte bei der Staatsbibliothek und bei allen Such-

maschinen im Internet. Aber vergebens, er fand keine Antwort. Nach einer Stunde gab er auf, weckte die Blondine auf und gab ihr 500 Euro. »Danke«, sagte sie und wollte weiter schlafen. Der frustrierte Rechtsanwalt aber hakte nach und fragte: »Also gut, was ist die Antwort?« Wortlos griff die Blondine in die Tasche und gab ihm 5 Euro.

Der frischgebackene Abiturient Philipp erzählt zu Hause: »Von dem ganzen Geschichtsunterricht habe ich mir nur eine Jahreszahl gemerkt: 1789. Ich habe allerdings keine Ahnung, was da los war!«

»Hilde, du musst mir helfen. Ich habe so furchtbare Bauchschmerzen.«
»Was hast du denn beim Betriebsfest so gegessen?«
»Ein Dutzend Schnecken.«
»Na, da waren die wohl nicht mehr ganz frisch.«
»Das weiß ich nicht so genau, es hat aber auch furchtbar geknackt beim Essen.«

☺

Eine polizeiliche Durchsage tönt durch den Lautsprecher eines Warenhauses: »Die Polizei warnt eindringlich vor einem entlaufenen, schielenden Sträfling. Schließen Sie Ihre Haustüren, und wenn Sie den Gesuchten vor Ihrem Fenster sehen, alarmieren Sie sofort Ihren Nachbarn!«

☺

Zwei Hundebesitzer treffen sich beim Fleischer.
»Ich sehe, Sie bringen Ihrem Hund auch einen Knochen mit.«
»Mein Schäferhund hat sich das verdient! Ist Ihrer auch so wachsam?«
»Aber sicher! Erst kürzlich hat er sogar gebellt, als ich von einem Einbrecher geträumt habe!«

☺

Was ist der Unterschied zwischen einer Damenunterhose im Jahre 1950 und einer Unterhose heute?
1950 musste man die Unterhose beiseite schieben, um den Po zu sehen, heute ist es umgekehrt!

☺

Der Professor stellt seine beliebteste Frage bei der Abschlussprüfung: »So, werter Prüfling, sagen Sie mir mal bitte, wie Sie die Umlaufzeiten um die Sonne finden?« Darauf der Student: »Ganz schön, eigentlich, Herr Professor!«

☺

Beim Ehekrach schreit die Gattin: »Wenn ich ehrlich bin, hätte ich statt dir eigentlich auch gleich den Teufel heiraten können!«
Darauf ihr Mann: »Das wäre aber nicht gegangen, Liebes. In der heutigen Zeit sind Ehen unter Geschwistern verboten!«

☺

Steht ein Mann nackt vor dem Spiegel, betrachtet sich und sagt: »Ach, 2 Zentimeter mehr, und ich wäre ein König!«
Antwortet seine Frau: »2 Zentimeter weniger, und du wärst eine Prinzessin!«

☺

Gast in der Wirtschaft: »Ich bin so hungrig, ich beiß gleich in den Tisch! Und was bestell ich, wenn ich mit dem Tisch fertig bin?«
»Nachtisch!«, murmelt der Ober.

☺

Eine Frau hat eine Affäre, während ihr Mann auf
der Arbeit ist. Während sie grade mit ihrem Liebhaber im Bett ist, kommt ihr 13-jähriger Sohn
rein, sieht die beiden und versteckt sich im Wandschrank, um zuzugucken, bevor er entdeckt wird.
Dann kommt der Mann nach Hause und die Frau
steckt ihren Liebhaber auch in den Wandschrank,
ohne zu merken, dass ihr Sohn da schon drin-
steckt.

Sohn: »Dunkel hier drinnen.«

Mann: »Ja.«

Sohn: »Ich habe einen Baseball.«

Mann: »Schön.«

Sohn: »Willst du ihn kaufen?«

Mann: »Nein danke.«

Sohn: »Mein Vater steht da draußen …«

Mann: »Okay, schon gut, wie viel?«

Sohn: »250 Euro«

Mann: »Okay.«

Nach drei Wochen passiert das Gleiche nochmal,
wieder einmal sind der Sohn und der Liebhaber
zusammen im Schrank.

Sohn: »Dunkel hier drinnen.«

Mann: »Ja.«

Sohn: »Ich habe einen Baseballhandschuh.«

Der Mann erinnert sich an das Spiel vom letzten Mal und fragt genervt: »Wie viel diesmal?«

Sohn: »750 Euro«

Mann: »Na schön.«

Ein paar Tage später sagt der Vater zum Sohn: »Komm, wir spielen etwas Baseball, hol deinen Ball und deinen Handschuh.«

Junge: »Ich kann nicht, ich hab die beiden Sachen verkauft.«

Vater: »Für wie viel?«

Junge: »1000 Euro«

Vater: »Das ist doch unerhört, deine Freunde so abzuzocken, das ist ja viel mehr als die beiden wert sind. Du kommst jetzt mit zur Kirche und beichtest deine Sünden.«

Beide gehen zur Kirche und der Vater setzt den Jungen in den Beichtstuhl.

Junge: »Dunkel hier drinnen.«

Pfarrer: »Fang nicht wieder mit dem Scheiß an.«

In der Zoohandlung: »Was kosten eigentlich die Goldfische?«

»Das Stück 10 Euro!«

»Und die Silberfische?«

Brad Pitt, Tom Cruise und Dieter Bohlen sterben bei einem Unfall und kommen in den Himmel. Als sie dort ankommen, sagt Petrus zu ihnen: »Wir haben eine einzige Regel hier im Himmel: Nicht auf die Enten treten!« Sie betreten also den Himmel und tatsächlich: Enten über Enten überall. Es ist nahezu unmöglich, nicht auf eine Ente zu treten, und obwohl sie ihr Bestes geben, um das zu vermeiden, tritt Brad auf eine Ente. Petrus kommt zu ihm mit der hässlichsten Frau, die er je gesehen hat, kettet sie aneinander und sagt: »Zur Strafe, dass du auf eine Ente getreten bist, wirst du den Rest der Ewigkeit an dieses hässliche Weib gekettet verbringen!« Am nächsten Tag tritt Tom auf eine Ente, und Petrus, dem nichts entgeht, eilt herbei und mit ihm eine andere extrem wüste Frau. Er bindet sie für ewig aneinander. Bohlen hat dies alles beobachtet und achtet sorgfältig darauf, wohin er tritt, damit ihn nicht dasselbe Schicksal ereilt. Er bringt es fertig, monatelang umherzugehen, ohne auf eine Ente zu treten. Eines Tages kommt Petrus zu ihm mit der schönsten Frau, die er je gesehen hat: eine große, gebräunte, kurvige Blondine. Petrus kettet sie wortlos aneinander. Bohlen sagt: »Wüsste gern, wie ich es verdient habe, den Rest der Ewigkeit mit dir verbunden zu werden.« Die Schöne erwidert mürrisch: »Ich bin auf so 'ne saublöde Ente getreten!«

☺

Gerald stöhnt nach dem Squash-Match mit seinem Arbeitskollegen: »Ich habe heute das schlechteste Spiel meines Lebens geliefert.« Darauf der Kollege: »Ach, Sie haben wohl schon mal gespielt?«

☺

»Hast du dich etwa von deiner Lea getrennt, nur weil sie jetzt eine Brille trägt?«, fragt Brandon entsetzt seinen Kumpel Martin. Darauf er: »Nein, sie hat sich von mir getrennt, kurz nachdem sie die Brille bekommen hat.«

☺

Zwei Freunde warten vor dem Kino. Auf einem Fenster wird angepriesen: »Zwei Stunden Spannung! Zwei Stunden Spaß! Zwei Stunden Erotik pur!« »Mensch, Andi, in den Film müssten wir echt gehen!« Andi: »Spinnst du? Sechs Stunden Kino – das geht gar nicht!«

☺

In einem abgelegenen Park stehen sich zwei nackte Statuen gegenüber, ein Mann und eine Frau. Einige hundert Jahre, nachdem sie dort so aufgestellt wurden, schwebt ein Engel zu den beiden herunter. Ein Wink von seiner Hand, und plötzlich werden die Statuen zu Fleisch und Blut und steigen von ihren Sockeln.

Der Engel spricht: »Ich wurde gesandt, um euch den Wunsch zu erfüllen, den ihr beide all die Jahrhunderte gehegt habt, in denen ihr euch gegenübergestanden seid, ohne euch bewegen zu können. Aber seid schnell – ihr habt nur fünfzehn Minuten Zeit, bevor ihr wieder zu Statuen werdet.«

Der Mann schaut zur Frau, beide erröten und sie verschwinden kichernd im Unterholz. Lautes Rascheln ist aus dem Gebüsch zu hören, und sieben Minuten später kommen die beiden, offensichtlich befriedigt, zurück zum Engel.

Der Engel lächelt das Paar an: »Das waren nur sieben Minuten – wollt ihr es nicht nochmal tun?«

Die einstigen Statuen schauen sich für eine Minute an und dann sagt die Frau: »Warum nicht? Aber diesmal machen wir es anders herum: Du hältst die Taube fest, und ich scheiß drauf …«

☺

Herr Müller macht einen Luxusurlaub »alles inklusive«. Er bemerkt am Nachmittag, dass niemand mehr im Hotel ist, aber am Swimmingpool herrscht großes Hallo. Als er dort ankommt, sieht er, dass alle wie verrückt in den Pool springen.

Ein Gast erklärt ihm: »Hat man Ihnen nicht gesagt, dass es hier den Zauberpool gibt? Sie müssen sich nur laut wünschen, womit er gefüllt sein soll, und es geht in Erfüllung.«

Mit diesen Worten nimmt er Anlauf, schreit: »Champagner!«, und landet in einem Pool voll mit Champagner.

Ein Zweiter rennt auf den Pool zu, schreit: »Pilsener!«, und landet in einem Pool voller Bier.

Müller staunt und freut sich riesig. Er reißt sich die Kleider vom Leib und nimmt über das Sprungbrett Anlauf. Am Ende rutscht er aus und ruft: »Schei…«

Susi fragt ihren Vater: »Papa, was ist Morgengrauen?«

Der Vater »Das ist das Grauen, das man jeden Morgen hat, wenn man aufsteht und in die Arbeit gehen muss.«

☺

Herr Baldel fährt wieder einmal allein in die Berge zum Skifahren. Mit einem zärtlichen Kuss verabschiedet sich seine Gattin von ihm, winkt ihm nach und ruft ihm zu: »Schatz, soll ich dir die Post wie immer ins Krankenhaus nachschicken?«

Springt ein Frosch so durch den Wald.
Da begegnet er einem zottigen Hund: »Was bist du denn für ein Tier?«
»Ich bin ein Wolfshund. Meine Mutter war ein Wolf, mein Vater ein Hund.«
Der Frosch springt weiter und begegnet einem Muli: »Was bist du denn für ein Tier?«
»Ich bin ein Maultier. Mutter war ein Esel, Vater ein Pferd.«
Springt der Frosch kopfschüttelnd weiter. Begegnet es einem ganz unbekannten Tier: »Was bist du denn für ein Tier?«
»Ich bin ein Ameisenbär.«
Darauf der Frosch grinsend: »Also, alles lass ich mir auch nicht erzählen!«

☺

Ein Mann steht im Bad vor dem Spiegel und möchte sich rasieren.

Da fragt seine Frau ihn: »Schatz, soll ich dir denn erzählen, was ich erst gestern so alles eingekauft habe?«

Meint der Ehemann: »Ach bitte, Liebling, doch nicht wenn ich gerade das Rasiermesser in der Hand habe!«

☺

Treffen sich ein Elefant und ein Kamel, sagt der Elefant zum Kamel: »Warum hast du deine Titten auf dem Rücken?«

Darauf das Kamel: »Wenn ich meinen Pimmel mitten im Gesicht hätte, würde ich die Klappe halten.«

☺

»Tja, da wird nicht viel zu machen sein. Ihre Schmerzen im linken Handgelenk sind eine Alterserscheinung«, diagnostiziert der Orthopäde.

»Aber ... die rechte Hand ist ebenso alt und tut überhaupt nicht weh.«

☺

»Wie geht's?«, fragt der Arzt den Patienten.

»Danke. Mir fehlt nichts.«

»Das ist ein Wort«, lächelt der Doktor froh.

»Moment mal!«, fährt der Patient fort. »Ich hatte, als ich das letzte Mal bei Ihnen war, ein Klingen im Ohr. Das habe ich noch. Ich litt an chronischem Kopfschmerz. Das habe ich immer noch. Und in den Knien saß die Arthrose. Da sitzt sie heute auch noch. Wie gesagt: Mir fehlt gar nichts.«

Im Reisebüro will Alexander für sich und seine Frau Moni eine Kreuzfahrt in die Südsee buchen. Der Reisekaufmann notiert folgende Sonderwünsche: »Getrennte Betten, getrennte Kabinen, wenn möglich getrennte Schiffe!«

Ein Blinder und ein Einbeiniger stehen in einer Warteschlange und streiten sich. Darauf der Einbeinige zum Blinden: »Gut, das reicht! Wenn du noch einen Ton sagst, trete ich dir ans Schienbein!«

Darauf der Blinde: »Ach ja, das will ich sehen.«

☺

Kommt ein Mädchen freudestrahlend von der Schule nach Hause und erzählt: »Mama, wir haben heute zählen gelernt, die anderen können nur bis 3, aber ich kann schon bis 10«.

»Das ist ja schön«, sagt die Mutter. »Ist das wohl, weil ich blond bin?«, fragt das Mädchen. »Ja Kind, das ist weil du blond bist«, antwortet die Mutter.

Am nächsten Tag kommt das Mädchen wieder von der Schule und erzählt freudestrahlend: »Heute haben wir das Alphabet gelernt. Die anderen können nur von A bis C, aber ich kann schon von A bis Z.«

»Das ist wirklich toll«, sagt die Mutter.

»Ist das wohl, weil ich blond bin?«, fragt das Mädchen. »Ja Kind, das ist weil du blond bist«, antwortet die Mutter.

Am folgenden Tag kommt das Mädchen wieder freudestrahlend von der Schule und erzählt: »Wir waren heute schwimmen, die anderen haben noch gar keine Brüste und ich habe schon so große«, und zeigt auf Ihre Doppel D. »Ja«, sagt die Mutter. »Ist das wohl, weil ich blond bin?«, fragt das Mädchen. »Nein, Kind«, antwortet die Mutter, »das ist so, weil du schon 23 bist!«

☺

Im düsteren Nebel begegnen sich zwei Männer an einer dunklen Häuserecke.
Fragt der eine: »Guten Abend, mein Herr! Haben Sie in der Nähe zufällig einen Streifenwagen gesehen?«
Der angesprochene Mann schüttelt den Kopf: »Nein!«
»Bestens! Dann mal raus mit den Mäusen!«

☺

Der größte Feind des Menschen wohl,
das ist und bleibt der Alkohol.
Doch in der Bibel steht geschrieben:
Du sollst auch deine Feinde lieben!

☺

Ganz unruhig läuft Dietrich in seinem Zimmer auf und ab.
Fragt ihn sein Freund Nico: »Sag mal, was hast du denn?«
Antwortet Dietrich: »Ich mache mir solche Sorgen um meine Frau!«
Darauf Nico: »Oh, was hat sie denn?«
»Mein Auto!«

☺

Reiner sagt in der Hochzeitsnacht zu seiner Simone: »Liebling, ich will ganz ehrlich sein. Ganz im Vertrauen, du bist nicht die erste Frau in meinem Leben.«
Daraufhin die Braut: »Dann will ich auch ganz ehrlich sein. Ich kann es nicht glauben!«

☺

Der ABC-Schütze wirft einen Blick in seine Schultüte: »Und dafür soll ich nun jahrelang büffeln?«

☺

Was sagt Dieter Bohlen zu einer Blondine, welche auf seinem Schoß sitzt?
Süße, in dir steckt ein guter Musiker.

☺

Zwei Nachbarinnen treffen sich beim Metzger. »Na, wie geht's denn deinem Mann«, fragt die eine. »Wenn ich mich recht entsinne, wollte er doch unbedingt in den Staatsdienst wechseln. Was macht er nun genau?«
»Nichts«, meint die andere kurz angebunden, »nun ist er drin!«

☺

»Schatz, findest du denn eigentlich nicht, dass mir die eine Gurkenmaske zu mehr Schönheit verholfen hat?«
»Freilich, Engelchen, aber wieso hast du sie denn nicht aufgelassen?«

☺

Franjo sitzt an den Hausaufgaben: »Du Vati, was ist das für ein Satz: ›Es ist kein Bier im Haus‹?«
Der Vater zieht die Augenbrauen hoch: »Das ist kein Satz, das ist ein Elend!«

☺

Der Aufsichtsrat eines Chemiekonzerns zu seinen Kollegen: »In Sachen Umweltschutz ist alles im Fluss!«

☺

Ex-Knastbruder Pete schenkt seiner Freundin ein sündhaft teures Collier. Sie strahlt über das ganze Gesicht, küsst ihn auf die Wange und meint: »So ein wundervolles Geschenk! Das ist doch bestimmt lebenslänglich wert!«

☺

Der bayerische Ministerpräsident Edmund Stoiber macht einen Besuch auf einem Bauernhof und lädt dazu auch die Presse ein. Ein Fotograf knipst ihn im Schweinestall.

Stoiber: »Dass ihr mir aber nicht so dummes Zeug unter das Bild schreibt, wie Stoiber und die Schweine oder so!«

Reporter: »Nein nein, geht schon klar.«

Am nächsten Tag ist das Bild in der Zeitung und darunter zu lesen: »Stoiber (3. v. l.)«

»Herr Ober! In meiner Suppe schwimmt eine Fliege!«

»Was sollte sie denn sonst tun? Golfen vielleicht?«

Rheinische Gottheit mit einem Buchstaben?
Jott!

Der Erdkundelehrer fragt: »Was kannst du mir über die Passatwinde sagen, Karla?«

»Keine Ahnung, meine Eltern fahren einen Mercedes!«

Toni, der Sanitärmeister, kommt zu Frau Carstens
ins Haus, um den Boiler zu reparieren. Sie beginnen sofort zu flirten und landen bald knutschend
auf dem Sofa. Kurz darauf klingelt das Telefon,
und Frau Carstens geht ran. Nach ein paar Sekunden legt sie auf und sagt: »Das war mein Ehemann.
Er ist auf dem Nachhauseweg. Aber er muss heute
Abend noch einmal los. Dann können wir ja da
weitermachen, wo wir gerade sind.«
Darauf sagt Toni ungläubig: »Sie meinen, ich soll
in meiner Freizeit wiederkommen?«

90-jähriges Paar beim Sex. Er stöhnt und verdreht
die Augen.
Sie:»Was ist denn, Alfred?«
Antwortet er:»Ich weiß auch nicht, entweder ich
komme oder ich gehe!«

»Herr Ober, auf meinem Salat sitzt eine Fliege!«
»Für 8,50 Euro können Sie auch keinen komplet-
ten Smoking erwarten.«

☺

Mama hat einen Hasen zum Abendbrot gemacht. Da die Kinder dieses Tier sehr liebhatten, verheimlicht sie ihnen die Wahrheit.

Der kleine Junge isst mit sehr viel Appetit und fragt seinen Papa, was es denn ist. Der Papa sagt ganz stolz: »Ratet mal ... ich gebe euch einen Hinweis ... ab und zu nennt Mama mich so ...«

Da spuckt die Tochter alles aus und sagt zu ihrem Bruder: »Iss das bloss nicht, das ist ein Arschloch!«

Drei Zwerge möchten ins Guinnessbuch der Rekorde. Der erste denkt, er hätte die kleinsten Füße der Welt. Er meldet sich bei der Kommission und schafft es ins Buch.

Der Zweite meint, er hätte die kleinsten Hände der Welt, und schafft es auch.

Der Dritte meint, er hätte den geringsten IQ der Welt, und meldet sich ebenfalls an. Die anderen beiden warten und warten. Dann kommt der dritte Typ stocksauer zurück. Seine Brüder fragen, warum er so sauer sei.

Seine Antwort: »Wer, zur Hölle, ist Dieter Bohlen?«

Letztes Wochenende haben wir mit ein paar Freunden über Bier diskutiert. Einer sagte dann plötzlich, dass Bier weibliche Hormone enthält. Nachdem wir ihn wegen seiner dummen Bemerkung ein wenig verarscht haben, beschlossen wir, die Sache wissenschaftlich zu überprüfen. So hat jeder von uns, nur für die Wissenschaft, zehn Bier getrunken. Am Ende dieser zehn Runden haben wir dann Folgendes festgestellt:

1. Wir hatten zugenommen.
2. Wir redeten eine Menge, ohne dabei etwas zu sagen.
3. Wir hatten Probleme beim Fahren.
4. Es war uns unmöglich, auch nur im Entferntesten logisch zu denken.
5. Es gelang uns nicht, zuzugeben, wenn wir im Unrecht waren, auch wenn es noch so eindeutig schien.
6. Jeder von uns glaubte, er wäre der Mittelpunkt des Universums.
7. Wir hatten Kopfschmerzen und keine Lust auf Sex.
8. Unsere Emotionen waren schwer kontrollierbar.
9. Wir hielten uns gegenseitig an den Händen.
10. Und die Krönung: Wir mussten alle zehn Minuten aufs Klo und zwar alle gleichzeitig.

Weitere Erläuterungen sind wohl überflüssig: Bier enthält tatsächlich weibliche Hormone!

☺

Eine Blondine geht in die Tankstelle und fragt, ob sie ein Stück Draht haben kann, um ihr Auto aufzuschließen, da sie den Schlüssel im Auto hat. Der Verkäufer gibt ihr das Verlangte.
10 Minuten später kommt ein Mann herein, der sich vor Lachen nicht mehr einkriegt. Als der Verkäufer ihn nach dem Grund fragt, sagt er:
»Da draußen steht ein Blondine an ihrem Auto und versucht die Tür aufzubrechen.«
»Was ist denn daran so lustig?«, unterbricht ihn der Verkäufer.
»Die andere Blondine sitzt im Auto und dirigiert den Draht!«

☺

Rene warnt seine Schwester: »Ich habe in den Nachrichten gehört, dass die Polizei einen Flüchtigen sucht, männlich, 190 cm groß, dunkelhaarig, blaue Augen ...«
»Genau so einen suche ich schon lange«, seufzt Verena entzückt.

Herr und Frau Hubermann beschließen, dem kalten Winter für eine Woche zu entfliehen und in die Südsee zu reisen. Es ergibt sich aus beruflichen Gründen, dass sie einen Tag später erst nachkommen kann. Der Ehemann fliegt wie geplant. Dort angekommen, checkt er ein und holt seinen Laptop heraus. Er schickt sogleich ein Mail an seine Gattin. Blöderweise lässt er beim Eingeben der E-Mail-Adresse einen Buchstaben aus, und so landet die Mail direkt bei einer Witwe, die soeben ihren Mann zu Grabe getragen hat. Diese fährt den Computer hoch, um eventuelle Beileidsbekundungen zu lesen …

Als ihr Sohn das Zimmer betritt, liegt sie ohnmächtig am Boden. Sein Blick fällt auf den Bildschirm:

Adressat: Meine zurückgebliebene Frau

Absender: Deinem vorausgereisten Gatten

Betreff: Bin angekommen, Liebste! Habe mich hier bereits eingelebt und sehe, dass alles für Deine Ankunft schon vorbereitet ist!

Wünsche Dir eine gute Reise und erwarte Dich, in Liebe, Dein Engelchen!

P.S. Verdammt heiß hier unten!

☺

Die junge Mutter betritt die Buchhandlung. Zur Verkäuferin: »Ich suche einen Ratgeber über Kindererziehung!«

»So etwas führen wir leider nicht im Programm!«

»Schade. Haben Sie dann vielleicht ein Buch über die Kunst der Selbstbeherrschung?«

Sagt ein Mann zu seiner Frau: »Letzte Nacht habe ich geträumt, dass du mich wirklich liebst. Was hat das wohl zu bedeuten?«

Antwortet sie: »Na, dass du eben geträumt hast!«

Der Broker fragt seine Frau im Bett: »Börse heute geöffnet?«

»Nein, heute ist Ruhetag«, antwortet sie nach einigem Zögern.

Eine Woche später wiederholt sich das Szenario, jedoch umgekehrt.

Sie fragt ihn: »Börse heute geöffnet?«

»Bedaure, Aktien inzwischen unter der Hand verschleudert.«

☺

Wie viel Nägel braucht ein gut beschlagenes Pferd?
Natürlich keinen.

☺

Sie:»Schatz, im Büro haben sie heute gesagt, dass ich soooo schöne Beine habe!«
Er:»Ach, und von deinem fetten Arsch haben sie nichts gesagt?«
Sie:»Nein, von dir war nicht die Rede.«

☺

Was haben Dieter Bohlen und Luciano Pavarotti gemeinsam?
Beide waren schon mal in Verona.

☺

»Herr Ober! Haben Sie fette Rippen?«
»Mein Herr, mein Gewicht geht Sie gar nichts an.«

☺

Was ist schwarz und sitzt im Baum?
Ein Spanner nach dem Waldbrand!

☺

Auf der Autobahn wird ein Auto von Polizisten angehalten. »Herzlichen Glückwunsch, Sie sind der 10.000ste Benutzer dieser Autobahn und haben soeben 1000 Euro gewonnen … was machen Sie jetzt damit?«

»Tja«, sagt der Mann am Steuer, »Ich werde damit erstmal meinen Führerschein machen …«

»Glauben Sie Ihm kein Wort«, sagt die Frau neben ihm, »er ist völlig besoffen!«

Schreit die schwerhörige Oma auf dem Rücksitz: »Wusste ich's doch, dass wir mit dem geklauten Auto nicht weit kommen …«

In diesem Moment kommt eine Stimme aus dem Kofferraum: »Sind wir schon im Westen?!?«

Klausur. Der Professor bemerkt, dass ein Mädel aus den hinteren Reihen von einem Zettel abschreibt. Er bewegt sich langsam auf sie zu, doch sie bemerkt das. Schnell versteckt sie den Zettel in ihrem Ausschnitt.

Er sagt zu ihr: »Als Ihr Professor darf ich das nicht, aber als Mann darf ich das«, greift ihr in den Ausschnitt und holt sich den Zettel.

Sie: »Als Ihre Studentin darf ich das nicht, aber als Frau darf ich das«, und scheuert ihm eine …

☺

Der Generalmanager von Coca-Cola kommt in den Vatikan und macht dem Heiligen Vater ein Angebot: »Heiliger Vater, wenn in jeder katholische Kirche auf der Welt einen Monat lang im Vaterunser das Wort ›Brot‹ durch ›Coca-Cola‹ ersetzt wird, dann zahlen wir dem Vatikan 10 Millionen Dollar!«

Entrüstet lehnt der Papst ab: »Das geht auf keinen Fall – das kann ich nicht machen!«

»Na gut!«, verhandelt der Coca-Cola-Manager weiter: »20 Millionen Dollar für eine Woche: Das Wort ›Brot‹ im Vaterunser ersetzt durch ›Coca-Cola‹!«

»Nein, das geht auf keinen Fall!«, wehrt der Papst ab.

»Na gut!« Der Manager spielt seinen letzten Trumph aus: »100 Millionen Dollar dafür, dass an einem Sonntag auf der ganzen Welt in jeder katholischen Kirche das Wort ›Brot‹ im Vaterunser durch ›Coca-Cola‹ ersetzt wird!«

Da dreht sich der Papst zu seinem Beraterteam um und fragt: »Wie lange läuft dieser Vertrag mit der Bäckerinnung noch?«

Der Kellner bringt den Kaffee und schaut dann aus dem Fenster:
»Sieht nach Regen aus«, meint er.
»Na ja«, sagt der Gast freundlich, nachdem er einen Schluck getrunken hat, »aber ein bisschen schmeckt er doch nach Kaffee.«

Beschwipst kommt Konstantin nach Hause, torkelt durch den Flur ins Wohnzimmer und stößt dabei das Goldfischglas runter. Dann macht er das Licht an und wirft einen Blick auf den nach Luft japsenden Fisch. »Na, das hab ich aber gern. Erst einen Mordslärm machen und dann nach dem Herrchen schnappen!«

Sagt Gerd zu seiner Angelika: »Sollen wir heute Abend vielleicht die Stellung tauschen?«
Daraufhin antwortet sie: »Das ist eine sehr gute Idee, Liebling, du stellst dich dann an den Herd, während ich auf der Couch sitze und furze!«

☺

»Ihr Fall wird die Medizin außergewöhnlich bereichern!«
»Da muss ich Sie leider enttäuschen, Herr Doktor, ich bin nur Kassenpatient!«

Eine etwas in die Jahre gekommene Frau steht vor dem Zubettgehen nackt vor dem Spiegel, lässt ihren Blick am Spiegelbild rauf und runter wandern und meint dann seufzend zu ihrem Mann: »Wenn ich das so sehe, fühle ich mich sehr alt. Meine Haut ist schrumpelig und schlapp, meine Brüste hängen beinahe bis zur Hüfte und mein Hintern ist total dick geworden!«
Sie dreht sich zu ihrem Mann um und sagt: »Bitte sag jetzt etwas Positives über mich, damit ich mich ein wenig besser fühle!«
Er überlegt einen Moment und meint dann: »Na, wenigstens scheint mit deinen Augen noch alles in Ordnung zu sein!«

Wie vermehren sich die Stachelschweine?
Vorsichtig!

☺

»Na klar erinnere ich mich an Sie!«, sagt die flotte Blondine in der Fernfahrerkneipe. »Sie sind doch der große Brummi mit dem kleinen Hänger ...«

☺

Der Angeklagte zu seinem Rechtsanwalt: »Wenn ich mit einem halben Jahr davonkomme, kriegen Sie 10.000 Euro von mir.«
Nach dem Prozess meint der Anwalt: »Das war ein hartes Stück Arbeit, die wollten Sie doch glatt freisprechen.«

☺

Ferdl fragt die Bedienung, ob man hier beim Essen wählen könne. »Sicher«, meint die Bedienung, »Sie haben die Wahl, entweder zu essen oder es sein zu lassen!«

☺

Großmutter Huber tadelt ihren Enkel: »Also, Sebastian, wenn ich gähnen muss, dann halte ich mir die Hand vor den Mund.«
Sagt der Bub fröhlich: »Brauch ich nicht, Oma, meine Zähne sitzen ja noch!«

☺

Eine Maus wird von einer Katze verfolgt. Die Maus rennt auf eine Weide und sagt zur erstbesten Kuh: »Rette mich!«

Die Kuh antwortet bereitwillig: »Sellt dich hinter mich!« Die Maus gehorcht und die Kuh lässt einen Fladen fallen. Doch leider guckt noch der Mäuseschwanz heraus. Die Katze sieht ihn, zieht die Maus aus dem Fladen und frisst sie auf.

Was lehrt uns die Geschichte?

1. Nicht jeder, der dich bescheißt, ist dein Feind.
2. Nicht jeder, der dich aus der Scheiße zieht, ist dein Freund!
3. Wenn du schon in der Scheiße sitzt, zieh wenigstens den Schwanz ein.

Vor den Toren des Bundestags wird vollkommen überraschend ein Baby gefunden. Es wird jedoch schnell klar, dass das Kind nicht von einem der Beamten sein kann.

Warum?

Ein Beamter bringt in der viel zu kurzen Frist von neun Monaten sicherlich nichts zustande, was Hand und Fuß hat.

☺

»Für die gründliche Untersuchung 65 Euro Honorar, bitte«, sagt der Chefarzt.

Sein Patient schüttelt entrüstet den Kopf. »Irrtum, Herr Doktor. Sie haben mich überhaupt nicht gründlich untersucht. Sonst hätten Sie bemerkt, dass ich bloß acht Euro zwanzig bei mir habe.«

Alkohol und Nikotin
rafft die halbe Menschheit hin,
aber ohne Bier und Rauch,
stirbt die andere Hälfte auch.

Was ist klein und schwarz und dreht sich auf der Wiese?
Ein Maulwurf beim Hammerwerfen!

Herr Schmidt und sein Sohn Justus betrachten vom Zaun aus, wie in einer Hundeschule Polizeihunde abgerichtet werden. Nach einer Weile zupft Justus den Vater am Ärmel und blickt zu ihm hoch: »Sag mal, Papi, kann ein Hund, der einmal eine Wurst gestohlen hat, überhaupt noch als Polizeihund arbeiten?«

☺

Zwei Indianer befragen ihren Medizinmann: »Kannst du uns sagen, wie in diesem Jahr der Winter wird?« Der Medizinmann wirft einen Haufen kleiner Steinchen auf den Boden und sagt: »Das wird ein sehr kalter Winter. Ihr solltet viel Holz zum Heizen sammeln.« Am nächsten Tag suchen ein paar andere Indianer eines befreundeten Stammes den Medizinmann auf und fragen dasselbe. Auch ihnen sagt er: »Sammelt viel Holz.« Die Prozedur wiederholt sich in den kommenden Tagen mit den Abgesandten einiger weiterer Stämme. Irgendwann wird der Medizinmann unsicher. Er denkt sich: »Ich muss doch mal beim Wetteramt anrufen, ob denn meine Prophezeiung auch richtig ist.« Gesagt – getan. Er greift zum Handy und ruft den Zuständigen vom Wetteramt an: »Können Sie mir bitte sagen, wie in diesem Jahr der Winter wird?« Der Herr vom Wetteramt antwortet: »»Das wird ein ganz harter Winter! Die Indianer sammeln Holz wie die Verrückten.««

Wie nennt man einen chinesischen Metzger?
Peng-sau-hi!

Ein Tourist kommt in eine Taverne in Madagaskar und trifft dort einen echten Piraten mit Holzbein, Haken statt Hand und Augenklappe. Total fasziniert geht er auf den Piraten zu und sagt: »Boah, also so einen echten Piraten habe ich ja noch nie gesehen. Sie haben ja alles, Holzbein, Hacken und Augenklappe. Verraten sie mir vielleicht, wie das alles passiert ist?«

Pirat: »Dann hör mal zu, du Landratte! Mein Bein verlor ich durch eine Kanonenkugel und meine Hand habe ich beim Entern verloren.«

Tourist: »Ja … interessant. Und was ist mit Ihrem Auge passiert?«

Pirat: »Da hat mir 'ne Möve reingeschissen!«

Tourist: »Ja, aber davon verliert man doch nicht direkt ein Auge?!«

Pirat: »Naja, ich hatte den Haken erst einen Tag …«

»Unglaublich, wie viele Menschen sich auf der Straße angesprochen fühlen, wenn ich meinen Hund rufe«, wundert sich ein Hundebesitzer, der seinen treuen Vierbeiner »Gauner« getauft hatte.

☺

Jochen fragt im Urlaub auf Barbados einen Jungen am Strand: »Gibt es hier Haie?«
»Nein, nein!«, sagt der Junge, scheint sich aber nicht sicher zu sein. Jochen springt trotzdem ins Wasser. Nach einer Weile fragt er, ob es denn hier wirklich keine Haie gebe. »Nein«, sagt der Junge, »die haben Angst vor den Krokodilen, die hier im Meer rumtingeln.«

☺

»Was hat denn Franka ihrem Mann zum Geburtstag geschenkt?«
»Ein goldenes Zigarettenetui mit ihrem Bild auf der Innenseite.«
»Oh, da wird er sich wohl sehr gefreut haben?«
»Ich weiß nicht recht, er hat sich danach das Rauchen abgewöhnt!«

☺

Der Name Handy wurde von einem Schwaben erfunden. Als er so ein Ding zum ersten Mal sah, fragte er ganz erstaunt: »Han die koi Schnur dran?«

☺

Ein Engländer, ein Franzose und ein Ostfriese werden zum Tod durch Erschießen verurteilt. Da sagt der Engländer zum Franzosen und zum Ostfriesen: »Ich hab gehört, dass die Leute von der Exekution sehr leichtgläubig sind! Wenn wir clever sind, können wir es schaffen, zu entkommen.« Der Engländer wird zur Exekution im Freien gebeten.

Der Exekutionskommandeur ruft: »Gewehre anlegen!«

Da schreit der Engländer: »Erdbeben!«

Die Leute glauben ihm und laufen weg und der Engländer entkommt!

Der Franzose denkt: »Das schaff ich auch!« Er wird zur Exekution gebeten.

Der Kommandeur ruft: »Gewehre anlegen!«

Der Franzose schreit: »Sturmflut!«

Die Leute glauben auch ihm und laufen weg. Der Franzose ist frei.

Da denkt sich der Ostfriese: »Das schaffe ich auch.« Der Ostfriese wird zur Exekution freigegeben.

Der Kommandeur ruft: »Gewehre anlegen!«

Der Ostfriese schreit: »Feuer!«

☺

»Herr Ober! Ich habe jetzt schon dreimal gebratenes Hühnchen bestellt!«
»Geduld, mein Herr, bei so großer Menge dauert es halt länger!«

☺

Der zerstreute Mathematiklehrer kommt in den Hörsaal. »Liebe Studenten, was soll ich nur tun? Ich kann nicht mehr aufrecht gehen!«
Nach einem kurzen Blick auf den Professor sagt ein Student höflich: »In erster Linie rate ich Ihnen, den obersten Hosenknopf aus dem dritten Knopfloch Ihrer Weste zu lösen!«

☺

»Aussteigen!«, befiehlt der Polizist dem Autofahrer. »Verkehrskontrolle. Führerschein, Fahrzeugpapiere und ... haben Sie etwas getrunken?«
Der verdutzte Autofahrer: »Nein, wieso, ist das jetzt Pflicht?«

☺

»Wünschen Sie ein Textbuch?«, fragt die Platzanweiserin in der Operette.
»Nein«, erwidert Herbert irritiert, »ich singe nicht mit!«

Zigarettenmarken für Schnorrer!
Die holländischen: VAN ANDERN.
Die italienischen: SCHNORATTI.
Die ägyptischen: GIBDUSIE.

☺

Was sagt ein Drogensüchtiger zum Taxifahrer?
»Gib Stoff!«

☺

Herr Fiersen kommt zum Optiker. »Nun lesen Sie
mir mal vor, was auf der Tafel steht!«, bittet der
Optiker.
»Tafel?«, wundert sich der alte Mann, »welche
Tafel denn? Ich sehe gar keine!«
»Schade«, sagt der Optiker, »ist auch keine da!
Sie brauchen also keine Brille!«

☺

Zwei Arbeiter laufen auf der Großbaustelle aneinander vorbei. Wundert sich der eine: »Hey, du
schiebst den Schubkarren ja verkehrt herum.«
Meint der andere: »Du denkst wohl, dass ich nicht
ganz klar im Kopf bin, oder? Im Gegenteil: Wenn
ich den Karren richtig herum schiebe, schmeißen
die mir ständig Bauschutt rein!«

☺

Kommt ein Skelett in die Bar: »Bitte einen Brandy und einen Lappen!«

☺

Vor einem exquisiten Modegeschäft bleibt Frieda verzückt stehen.

»Liebling«, winkt sie ihren Sepp heran, »den Mantel oder keinen!«

»Na schön, Schatz«, meint dieser, »dann lieber keinen!«

☺

Wolfgang bekommt eine SMS: Achtung! Ihr Tarif wurde Ihrem Sexualleben angepasst. Je weniger Sex Sie haben, desto weniger müssen Sie bezahlen. Gratuliere, Sie telefonieren derzeit gratis!

☺

Gehen zwei Hennen in den Supermarkt und kommen am Eierstand vorbei.

»10 Eier, 2,50 Euro«, sagt die eine Henne zur anderen.

»Was, und für so wenig Geld ruinieren wir uns die Figur?«, antwortet die zweite entrüstet.

☺

Als ihre Tante heiratet, darf die sechsjährige Steffi mit zur Hochzeit. Nach der Hochzeitsfeier gehen die Gäste alle nach Hause, nur Steffi möchte noch bleiben. »Steffi, wir müssen jetzt aber auch wirklich gehen«, drängt der Vater das Mädchen.
»Gleich«, beharrt Steffi, »lass mich doch wenigstens noch so lang bleiben, bis das erste Baby kommt!«

Klein Erna sitzt mit Fritzchen auf der Treppe. Kommt die Mutter und fragt: »Was macht ihr denn schon wieder da?«
Antwortet Fritzchen: »Ich zeig Klein Erna bloß, wie man Kinder macht!«
Sagt die Mutter: »Ach so, ich dacht, ihr raucht schon wieder!«

»Papa, ich wünsche mir einen Globus zu Weihnachten.«
»Kommt nicht in Frage, in die Schule fährst du mit dem Schulbus und aufs Klo gehst du zu Hause!«

»Stell dir vor«, erzählt Mariella ihrer Schwester Nina, »hab ich doch in den Nachrichten gehört, dass sich auf einem großen Luxusliner ein blinder Passagier eingeschlichen hatte und die ganze Weltreise unentdeckt mitgefahren ist!«
Darauf Nina: »Zu dumm, dass er nichts genießen konnte. Nichts zu sehen, ist sicher schlimm, und das auf einer Kreuzfahrt ...«

Ein Mann sitzt mit seinen Freunden in der Kneipe. Da kommt ein Betrunkener rein und ist auf Ärger aus. »Hey«, lallt er den Mann an, »ich habe gerade deine Mutter gefickt!« Jeder erwartet eine Schlägerei, doch der Mann geht nicht darauf ein. Der Betrunkene trollt sich. Zehn Minuten später kommt er wieder auf den Mann zu und sagt: »Hey, ich habe gerade deine Mutter gefickt, und deine Mutter hat mir einen geblasen, und es war geil!« Wieder geht der Mann nicht darauf ein.
Zehn Minuten später kommt der Betrunkene ein drittes Mal: »Hey, ich habe gerade ...«
Unterbricht ihn der Mann: »Geh nach Hause und schlaf deinen Rausch aus, Papa!«

Fragt der Arzt Herrn Kandl: »Können Sie bitte Wasser lassen?«

»Wie bitte?«

»Können Sie bitte Wasser lassen?«

»Hm?«

»Können Sie Wasser lassen?«

»Hm?«

Da platzt dem Arzt der Kragen, er geht durch das Zimmer, deutet auf die Plastikbecher im Regal und ruft: »Können Sie hier reinpinkeln?«

»Das schon, aber nicht auf die Entfernung!«

☺

Sagt der Schauspieler: »Ich hab mir ein neues Hörgerät gekauft. Jetzt hör ich alles!«

»Und was kostet das?«

»Nein, das rostet überhaupt nicht!«

☺

Vor dem Giraffengehege fragt Tante Irene ihre Nichte Beate: »Na, Beatchen, hättest du auch gern einen so langen Hals?«

Die Kleine grinst und sagt: »Beim Diktat wohl, beim Waschen nicht!«

☺

Der Fernsehtechniker klingelt an der Haustür. »Haben Sie bei uns angerufen?«, fragt er den Rentner. »Ganz richtig, aber die Sache hat sich in der Zwischenzeit schon erledigt«, erklärt Opa Knusel betreten. »Meine Frau und ich hatten nur die Brillen vertauscht!«

Frau Neubauer sitzt zur Mittagszeit in einer Imbissstube. Ihr gegenüber ein junges Mädchen, das nach dem Essen eine Zigarette raucht. Nachdem sie einige Minuten kopfschüttelnd zugesehen hat, kann sie ihr Unbehagen nicht mehr zurückhalten und sagt: »Lieber würde ich Ehebruch begehen, als in der Öffentlichkeit zu rauchen!« Darauf antwortet das Mädchen: »Ich auch, leider habe ich nur 'ne halbe Stunde Mittagspause.«

Joachim Sauer unterhält sich mit einem Freund: »Meine Frau Angela wünscht sich etwas zu Weihnachten, das ihr zu Gesichte steht!« Darauf dieser: »Na, kauf ihr doch einen Faltenrock!«

☺

Zwei Knastbrüder haben ihre Zeit im Gefängnis hinter sich. Endlich wieder in Freiheit, stehen die beiden abwartend auf der Straße.
Sagt der eine: »Na, was ist? Nehmen wir den Bus?«
Sagt der andere: »Spinnst du? Den kauft uns danach doch keiner ab!«

☺

Kommen zwei Kumpels in die Kneipe: »Was würdest du zu einem Bier sagen?«
»Nichts, ich würde es trinken!«

☺

Der Mann war über Nacht nicht zu Hause. Am Morgen erzählt er seiner Frau, dass er bei einem Kumpel übernachtet hätte.
Seine Frau ruft zehn seiner besten Freunde an. Abends stellt sie ihren Gatten zur Rede.
»Ich habe zehn deiner Freunde angerufen. Fünf haben mir bestätigt, dass du bei ihnen geschlafen hast. Und drei behaupten, dass du immer noch bei ihnen wärst.«

☺

Ein Mann kommt in eine Bank und geht an einen freien Schalter. Eine durchgestylte, arrogant blickende Bankangestellte bedient ihn.

Sie: »Guten Tag, was kann ich für Sie tun?«

Er: »Ich will ein scheiß Konto eröffnen.«

Sie: »Wie bitte?!? Ich glaube, ich habe Sie nicht richtig verstanden!«

Er: »Was gibt's da zu verstehen, ich will in dieser Drecksbank einfach nur ein beschissenes Konto eröffnen!«

Sie: »Entschuldigen Sie, aber Sie sollten wirklich nicht in diesem Ton mit mir reden!«

Er: »Hör zu Puppe, ich will nicht mit dir reden, ich will nur ein stinkendes scheiß Konto eröffnen!«

Sie: »Ich werde jetzt den Manager holen …«, und rennt weg. Weiter hinten sieht man sie dann aufgeregt mit einem gelackten Schlipsträger tuscheln, der daraufhin seine Brust schwellt und erhobenen Hauptes mit der Schalterangestellten im Schlepptau auf den Mann zugeht.

Manager: »Guten Tag der Herr, was für ein Problem gibt es?«

Er: »Es gibt kein verdammtes Problem, ich hab' 20 Millionen im Lotto gewonnen und will dafür hier nur ein beschissenes blödes Konto eröffnen!«

Manager: »Aha, und diese blöde Kuh hier macht Ihnen Schwierigkeiten ...«

☺

Die siebzehnjährige Sabine hat etwas überraschend ein Baby bekommen. Die Hebamme sagt zu ihr: »Mensch, Sabine, schau mal, wie klug der Kleine schon jetzt dreinschaut!«
Daraufhin sie: »Kein Wunder, er ist 9 Monate lang mit mir aufs Gymnasium gegangen!«

☺

»Maulwürfe sind sehr nützlich«, erklärt der Lehrer. »Ein einziger Maulwurf frisst am Tag so viele Schädlinge, wie er wiegt.«
Das kann Klein Erna nicht glauben und wirft mit zweifelndem Ton ein: »Und woher weiß so ein Maulwurf, wie viel er wiegt?«

☺

Treffen sich zwei Schauspieler.
Sagt der eine: »Ich hab dich letzte Woche in der Stadt gesehen.«
Sagt der andere: »Und? Wie war ich?«

☺

Ein Bayer und ein Berliner unterhalten sich.
Meint der Bayer:»I trink jeden Tag fünf Maß Bier.«
Sagt der Berliner ganz entsetzt: »Ick trinke nur,
wenn ick Durst habe.«
Der Bayer kopfschüttelnd zu sich selbst: »Wia di
Viecher sans, di Preißn.«

Fakir Erdan betritt die Eisenwarenhandlung und
verlangt zehn Packungen Nägel. »Du liebe Zeit«,
wundert sich der Verkäufer, »Sie haben wohl noch
viel vor!«
»Ich nicht«, antwortet der Fakir, »aber heute
kommt die Putzfrau, und die will die Betten neu
beziehen!«

Dr. Monlein sitzt am Bett des fieberkranken
Börsenbrokers. Dessen Gattin sieht besorgt aus.
»39 Grad Fieber hat Ihr Gatte jetzt«, sagt der
Arzt, »und es scheint weiter zu steigen. Außerdem ist er wohl schon im Delirium. Was murmelt er da ununterbrochen?«
»Bei 41 verkaufen«, wispert die Ehefrau zurück.

Die Gattin überrascht: »Schatz, warum schlägst du denn einen Purzelbaum nach dem anderen, und das mitten im Wohnzimmer?«
»Liebes, ich habe meine Tropfen genommen und vergessen, sie vorher kräftig zu schütteln!«

☺

Stop-and-Go an der Grenzstation.
»Brandy, Whisky, Zigaretten?«, fragt der Zöllner.
»Nein, danke«, antwortet der geschaffte Autofahrer, »aber einen Kaffee könnte ich schon vertragen!«

☺

Das Telefon in der provinziellen Puppenbühne klingelt. Meldet sich eine Männerstimme: »Entschuldigung, wann beginnt denn bei Ihnen die nächste Vorstellung?«
Antwortet die freundliche Dame am Empfang: »Mein Herr, wann genau könnten Sie denn da sein?«

☺

Im Zoo spaziert Klein Erna so rum.
Die Mama: »Klein Erna, geh nicht so nah ran an die Eisbären, hast doch schon Schnupfen!«

☺

Zwei Hühner bummeln durch die Altstadt und bewundern die bunten Ostereier in den Schaufenstern. Schüttelt das eine Huhn den Kopf und meint: »Die hier in der Stadt sind uns doch um einiges voraus!«

☺

»Johanna«, ruft Frau Kastel ihr Kindermädchen, »was ist denn das für ein komisches Geräusch im Badezimmer?«
»Es ist Ihr Baby, es klappert mit den Zähnen.«
»Unsinn, das kann nicht sein. Das Kind hat doch noch überhaupt keine Zähne.«
»Stimmt. Aber es klappert mit den Ihren, gnädige Frau!«

☺

Liegt ein Penner im Winter unter einer Brücke und friert. Da erscheint ihm eine gute Fee und sagt: »Du hast einen Wunsch frei!«
Der Penner sagt schlotternd: »Ach, eigentlich wünsche ich mir nur ein warmes Plätzchen.«
Es blitzt, und die Fee hält dem Penner einen dampfenden Keks vor die Nase.

☺

Es klingelt an einer deutschen Wohnungstür. Vor
der Tür steht ein Mann vom Ausländerhilfswerk:
»Gute Frau, es ist Weihnachten, das Fest der Liebe
und Zuneigung. Was halten Sie davon, am dies-
jährigen Weihnachtsabend einen Asylanten zu
sich zu nehmen?«
»Na schön, können wir machen! Aber nächstes
Jahr nehmen wir wieder einen Truthahn, ja?«

☺

Brad Pitt hat einen kurzen, Arnold Schwarzeneg-
ger einen langen, Nena hat keinen, der Papst
braucht keinen. Was ist das?
Der Nachname.

☺

Ein Autofahrer hört ausm Radio: »Ein Geister-
fahrer auf der A7!«
Sagt der Fahrer: »Was? Einer? Hundert!«

☺

Der Arzt zu seiner Patientin: »Frau Langer, Ihre
Temperatur ist gestiegen.«
»Ach, deswegen habe ich immer so kalte Füße!«

☺

Eugen geht am See spazieren. Plötzlich sieht er,
wie sich eine Frau mit letzter Kraft über Wasser
hält und dann bewusstlos zurücksinkt. Er springt
ins Wasser, packt sich die Frau und zieht sie ans
Ufer. Er legt sie auf den Rücken und beginnt mit
ihren Armen pumpende Bewegungen zu machen.
Jedes Mal kommt ein dicker Wasserstrahl aus
ihrem Mund geschossen. Ein Fahrradfahrer hat
inzwischen angehalten, schaut dem Treiben zu
und schüttelt dann nur noch den Kopf. Der Mann
pumpt weiter, und jedes Mal kommt ein Wasserstrahl aus dem Mund der Frau.
»So wird das nie was«, meint der Fahrradfahrer.
Nach einiger Zeit platzt dem Mann der Kragen,
und er schnauzt den Fahrradfahrer an: »Mensch,
seien Sie still! Ich weiß, was ich tue, ich bin Sani-
täter.«
»Naja«, meint der andere, »aber ich bin Ingenieur,
und ich sage Ihnen, solange die Frau ihren Po im
Wasser hat, pumpen Sie höchstens den See leer.«

Beim armen Wanderzirkus: »Hol das Zebra rein,
es regnet!«

☺

Ein Fahrgast sitzt mit einem frischgebackenen Nichtraucher in einem Zugabteil: »Sie haben sich wohl vor kurzem das Rauchen abgewöhnt, oder?«
»Wie kommen Sie denn darauf?«
»Weil Sie Ihren Kaugummi alle 20 Sekunden im Aschenbecher ausdrücken!«

☺

Der Vater sagt zu seinem cleveren Sprössling: »Mäxchen, dein Lehrer macht sich große Sorgen wegen deiner schlechten Noten!«
»Ach, Papi, was gehen uns denn die Sorgen anderer Leute an?«

☺

Der Richter befragt den angeklagten Langfinger-Lutze: »Wie sind Sie eigentlich in den Hochsicherheitstrakt eingebrochen?«
»Also, Herr Richter«, jammert Lutze, »Sie müssen schon entschuldigen, aber bei der ganzen Konkurrenz, die hier im Saal versammelt ist, möchte ich das eigentlich nicht so mir nichts, dir nichts preisgeben!«

☺

Verkäuferin: »Die neuen Schuhe werden in den nächsten Tagen noch etwas drücken.«
Frau Tinker lächelnd: »Das macht nichts. Ich trage sie erst nächste Woche.«

☺

Schornsteinfeger unter sich.
»Sag mal, du siehst aber heute blass aus. Fehlt dir was?«
»Ja, der Dreck.«

☺

Ob er schon die Bibel gelesen habe, wird Adrian im Konfirmationsunterricht gefragt.
»Nein, Herr Pfarrer, ich warte, bis der Film ins Kino kommt!«

☺

Beim Friseur lässt sich eine Dogge neben dem Stuhl nieder und lässt dabei die Kunden nicht aus den Augen. Auf die Frage des irritierten Kunden entgegnet der Friseurmeister: »Er liegt immer so nah an den Kunden, ab und zu fällt ein Ohr für ihn ab.«

Klein Erna kommt mit klatschnassen Haaren ins Zimmer. Tadelt der Vater: »Ist es denn unbedingt nötig, dass du jedem Fisch einzeln einen Gutenachtkuss gibst?«

☺

Zwei Osterglocken stehen nebeneinander im Blumenbeet.
Sagt die eine:»Ich liebe dich!«
Haucht die andere zurück:»Ich dich auch. Soll ich das Bienchen rufen?«

☺

Sagt einer zum anderen: »Kennen Sie Günther Jauch?«
»Ja, ich hatte bereits das Vergnügen!«
»Was? Vergnügen? Dann war es nicht der Jauch!«

☺

»Seit Silvester habe ich nicht mehr geraucht, geflucht oder Bier getrunken«, erzählt Werner seinem Kumpel am Telefon. Kurz darauf schreit er auf: »Verdammt nochmal! Jetzt ist mir meine Kippe ins Bier gefallen.«

☺

Paul kommt in ein Hotel und bestaunt den Fahrstuhl. Eine alte Dame drückt auf den Knopf, der Aufzug kommt, die Tür öffnet sich, und sie steigt ein. Nach wenigen Minuten kommt der Lift wieder herunter, ein hübsches junges Mädchen steigt aus und lächelt Paul freundlich an. Der murmelt nach einigem Nachdenken vor sich hin: »Wahnsinn, da muss ich meine Herta auch mal reinstecken.«

☺

Klein Erna ruft: »Papa! Papa!«
Der Vater erwidert: »Du weißt doch, dass du nur sprechen sollst, wenn du gefragt wirst!«
Klein Erna: »Könntest du dann nicht mal fragen, ob Mama zufällig von der Leiter gefallen ist?«

Ein schwarzer Pudel jagt zwei Mietzen durch die Straßen. Als er total erschöpft ist, löst ihn ein weißer Pudel ab. Die eine Katze dreht sich nach ihrem Verfolger um und meint zu der anderen: »Jetzt leg aber einen Zahn zu, du, der Typ hat schon seinen Pulli ausgezogen!«

☺

Klein Bubi kommt zur Erholung zu Tante Frieda aufs Land. Und wie er mal auf Toilette muss, da geht er denn zu Tante Frieda und sagt: »Tante Frieda, wo kann ich hier wohl mal, ich muss nämlich mal auf Toalette?«

»Ja, mein Jung, denn komm man mal mit raus. Siehst du da in Hof das kleines Haus mit 'n Herz in die Tür? Da geh man hin!«

Und wie Bubi denn auf 'n Loch für Kinders sitzt, da kommen immer lauter Fliegen und setzen sich immer überall hin, wo Klein Bubi das gaanich mag! Und wie er denn fertig is, da geht er zu Tante Frieda und sagt: »Tante Frieda? Ischa alles ganz schön hier bei dir, aber auf Toalette, da sind immer so viele Fliegen, und die setzen sich immer überall hin, wo ich gaanich mag!«

Da sagt Tante Frieda: »Ach, Klein Bubi, bischa auch 'n büschen dumm, muscha auch nich jetzt hingehn. Musst mittags zwischen 12 und 2, dann sind die Fliegen alle inne Küche!«

☺

Ossi: »Ich komme aus Frankfurt/Oder.«
Wessi: »Oder was?«

☺

Frage: Welche Nationalität hat der Weihnachtsmann?
Antwort: Nordpole.

☺

»Monika, immer wenn Sie mich anlachen, würde
ich Sie am liebsten nochmal zu mir bitten.«
»Sie sind aber ein Draufgänger …«
»Nein, ich bin Zahnarzt!«

☺

Meint Dr. Schneller: »Das sieht aber gar nicht
gut aus bei Ihnen, Herr Hürzel. Sie haben reich-
lich Wasser in den Beinen, Steine in den Nieren
und Kalk in allen Arterien.«
Gelassen nimmt der Patient die Diagnose auf:
»Tja, wenn Sie mir jetzt noch sagen, ich hätte
Sand im Getriebe, fange ich sofort mit dem
Hausbau an …«

☺

»Darf ich bei Ihnen hier rauchen?«
»Fühlen Sie sich wie zu Hause!«
»Na gut, dann eben nicht …«

☺

Zwei Arbeiter unterhalten sich:
»Ich arbeite bei BMW am Band!«
»Ich arbeite bei Audi, aber wir dürfen frei herum-
laufen.«

☺

Nach der Bescherung schimpft Luise mit ihrem
Manfred: »Ich verstehe dich nicht. Seit Jahren
schenke ich dir zu Weihnachten einfarbige
Unterhosen. Und plötzlich gefallen sie dir nicht
mehr!«

☺

»Papi, warum sind Statuen in Siegerposen immer
Frauen?«
»Das, mein Junge, wirst du erst verstehen, wenn du
verheiratet bist!«

☺

»Herr Klecks, warum haben Sie mir die gestellte
Rechnung denn ungeöffnet zurückgeschickt?«,
fragt der Psychiater.
»Aber, Herr Psychiater, Sie haben mir doch selbst
jede Aufregung untersagt!«

Ein Journalist wird von einem Polizisten vehement daran gehindert, den abgesperrten Tatort zu betreten.

»Lassen Sie mich näher ran«, protestiert der Reporter, »ich muss eine Sensationsstory darüber schreiben!«

»Bleiben Sie hinter der Absperrung«, weist der Polizist ihn erneut zurecht, »was passiert ist, können Sie doch morgen in allen Zeitungen lesen!«

☺

Sagt der Moderator lässig: »Ich habe für jeden Tag der Woche einen Anzug!«

»Tatsächlich?«

»Ja, diesen hier!«

☺

Als ich von den schlimmen Folgen des Trinkens las, gab ich sofort das Lesen auf.

☺

Fragt der junge Autor seinen Verleger: »Ich soll also mehr Feuer in meine Worte legen?«

»Umgekehrt, mein Lieber, umgekehrt!«

☺

Der Kellner zum Gast: »Mein Herr, wie fanden Sie das Schnitzel?«
Darauf der Gast: »Na, rein zufällig, unter dem Salatblatt!«

☺

Irritiert blickt der Schaffner ins Zugabteil. Liegt da doch glatt einer zusammengekauert im Gepäcknetz. Genervt rüttelt er an dem Schlafenden und meint dann: »Werter Herr, Sie haben im Gepäcknetz nichts zu suchen!«
Mit leicht verschlafener Stimme murmelt der Fahrgast vor sich hin: »Aber, aber, warum regen Sie sich denn so auf? Ich habe doch eine Netzkarte!«

☺

Ein Gaul trabt recht lässig vor der Kutsche. Auf dem Weg sieht er einen Hund, der sich in der Sonne räkelt.
»Verschwinde, Mistköter!«, wiehert das Pferd.
»Na hör mal, du Trampel«, entgegnet der Hund empört, »wie sprichst du denn mit einem Steuerzahler?!«

☺

Ein Besoffener zu seinem Kumpel: »Es heißt doch, man soll seine Liebste auf Händen tragen. Hab ich gemacht, sieht aber beknackt aus, wenn man den ganzen Tag eine Kiste Bier über die Türschwelle hin- und herschleppt!«

☺

Hans erzählt seinen Kumpels: »Heute war ich mit einem Freund in der Kirche. Auf einmal zündet der sich eine Zigarette an. Ich konnte es nicht glauben! Raucht der einfach eine Zigarette in der Kirche! Vor Schreck wäre mir fast mein Bier aus der Hand gefallen!«

☺

Wie heißt das Lieblingsgericht des Karnevalisten? Tatar!

☺

Judith schreibt einen schmachtenden Brief an Matthis: »Ich liebe dich von ganzem Herzen, Schatz! Solltest du meine Liebe jedoch nicht erwidern, gib diesen Brief bitte an Ulrich oder Gerd weiter!«

Die blonde Polizistin erhält während ihrer Ausbildung eine Führung durch die Wache. Interessiert studiert sie die Wand mit den Steckbriefen und fragt: »Warum habt ihr die Kerle eigentlich nicht gleich eingesperrt, nachdem ihr sie fotografiert habt?«

Was ist ein Keks unterm Baum?
Ein schattiges Plätzchen!

☺

Zwei Skelette laufen über den Friedhof. Auf einmal entdecken die beiden zwei Autos, steigen ein und fahren los. Auf halbem Weg dreht das eine um und fährt zum Friedhof zurück. »He, was machst du da? Wir müssen von hier verschwinden!« Darauf das andere Skelett: »Moment noch, ich hol nur noch geschwind meinen Grabstein!«
»Was willst du denn jetzt mit deinem Grabstein?«
»Na, glaubst du vielleicht, ich fahr ohne Papiere?«

☺

Der Internist sagt genervt: »Junger Mann, Sie brauchen viel mehr Bewegung. Sie sollten jeden Tag mindestens eine Stunde spazieren gehen.«
»Hm, wann wäre denn die beste Zeit? Bevor ich die Post austrage oder hinterher?«, erkundigt sich der Briefträger.

☺

Warum haben die Ostfriesen denn keine U-Boote mehr?
Weil neulich ganz Ostfriesland »Tag der offenen Tür« gefeiert hat.

☺

Hans ist ein großer Fan von Brigitte Bardot. Seine Gattin will ihn überraschen und lässt sich die Initialen der Diva auf den Po tätowieren. Am Abend seines Geburtstages lockt sie ihren Ehemann mit erotischer Stimme ins Schlafzimmer und präsentiert ihm das Geschenk: »Herzlichen Glückwunsch zum Geburtstag, Hansemann! Na, was sagst du nun?«
Hans tritt irritiert zurück: »Wer zum Teufel ist BOB?«

☺

Jens und Dieter auf dem Flug mit dem Fallschirm.
Schreit Dieter entsetzt auf: »Hilfe, Jens, mein Fall-
schirm will nicht aufgehen!«
»Meiner auch nicht«, schreit Dieter zurück, »aber
keine Panik, die Prüfung ist doch erst nächste
Woche!«

☺

Vater und Tochter sind im Zoo.
»Du Papa, schenkst du mir eine Giraffe?«
»Aber Schatz, wo nehmen wir denn jeden Tag das
viele Futter her?«
»Kein Problem, Vati. Da steht groß: FÜTTERN
VERBOTEN!«

☺

Eine Frau geht zum Arzt und sagt: »Herr Doktor,
immer wenn ich rauche, denke ich an Sex, was
soll ich tun?«
Doktor: »Ach, erst rauchen wir mal eine, und
dann sehen wir weiter!«

☺

Fragt die eine Gans eine andere: »Glaubst du an
ein Leben nach St. Martin?«

☺

Zwei Freunde gehen im Moor spazieren. Plötzlich sinkt einer bis zur Brust in den Morast. Schnell eilt der andere, die Feuerwehr zu holen, die auch prompt eintrifft und die Leiter ausfährt, um den Versinkenden zu retten. Dieser winkt aber ab: »Ich bin nun 50 Jahre Christ und immer treu und brav in die Kirche gegangen. Der Herr wird mich schon retten!«

Also trabt die Feuerwehr wieder ab. Nach einigen Stunden entscheidet der Feuerwehrchef, doch nochmal ins Moor auszurücken: »Der Mann geht ja drauf, dem müssen wir einfach helfen!« Angekommen sehen sie, dass nur noch der Kopf herausguckt. Also Leiter raus, retten wollen! »Nix da«, sagt da der Versinkende, »Ich bin 50 Jahre Christ, habe auch immer meine Kirchensteuer bezahlt. Gott wird mich schon retten!«

Na ja, da muss die Feuerwehr wieder abziehen. Am kommenden Morgen kommen dem Feuerwehrchef aber doch wieder die Gedanken an den Mann in den Sinn und er lässt noch einmal ausrücken. Im Moor angekommen sehen sie aber nur noch, wie die letzten Haare versinken! Nix mehr zu machen!

Der gute Verstorbene kommt nun im Himmel an und ist stinksauer: »Sofort her mit dem Chef«, brüllt er Petrus an, der diesen auch sofort holt. Zu dem meint er: »50 Jahre bin ich nun Christ, immer habe ich brav meine Kirchensteuer gezahlt, keinen Gottesdienst habe ich versäumt – und nun so was! Hättest du mir nicht ein wenig unter die Arme greifen können?«

»Was regst du dich auf, mein Sohn?« spricht Gott. »Habe ich dir nicht drei Mal die Feuerwehr geschickt!?!«

Der Popsänger kommt auf die Bühne, aber nur eine einzige Frau sitzt im Publikum. Geistesgegenwärtig sagt er: »Heute singe ich nur für dich, Süße!«

»Dann aber schnell, ich muss hier noch sauber machen!«

Conny zu ihrer besten Freundin: »Sag mal, ganz im Vertrauen, wie schaffst du das nur, dich immer wieder interessant für die Männerwelt zu machen?«

»Ein guter Rat: Trage ein Parfüm, das nach Bier und Rasen duftet!«

☺

»Entschuldigen Sie, mein Junge. Ich möchte in den Zoo«, wird Karlchen von einem Fremden angesprochen.
Er antwortet brav:»So? Als was denn?«

☺

Ein Mann geht zum Arzt und erzählt: »Meine Frau hört nicht mehr so gut. Was soll ich machen?« Der Arzt gibt ihm den Tipp, er solle einen Test machen.
Als der Mann nach Hause kommt, sieht er, dass seine Frau gerade kocht. So geht er drei Meter hinter sie und fragt: »Schatz, was kochst du Gutes?« Er bekommt keine Antwort, geht zwei Meter hinter sie und fragt nochmals: »Schatz, was kochst du Gutes?« Wieder bekommt er keine Antwort.
Jetzt stellt er sich direkt hinter sie und fragt nochmals. Da dreht sich seine Frau um und schreit: »Zum dritten Mal: Es gibt Bratkartoffeln!«

☺

Hinweis in einem Restaurant: »Wir haben nichts dagegen, dass Sie rauchen, aber bitte atmen Sie nicht aus!«

☺

»Ich möchte Ihren Chef sprechen.«
»Geht leider nicht, er ist nicht da!«
»Ich habe ihn doch durchs Fenster gesehen!«
»Er Sie auch.«

☺

»Bartl«, seufzt sein Freund Willi, »was hältst du von
der englischen Abmagerungskur?«
»Aber wie kommst du denn darauf?«
»Nun, ich habe gestern in der Zeitung gelesen,
dass ein Engländer auf dem Weg zur Bushaltestelle
ganze 25 Pfund verloren hat!«

☺

Fragt Hinnerk seinen Freund, was er denn später
einmal werden wolle.
»Bootsmann.«
»Ganz schön harter Job«, meint Hinnerk.
»Nee, gar nicht, ich will doch auf einem Scho-
ner arbeiten!«

☺

Samuel trifft seinen Fußballkumpel: »Du siehst so
erholt aus. Warst du im Urlaub?«
»Nein, aber Frau und Kinder!«

☺

Stoiber ist zu Gast bei der Queen in London. Nach ein bisschen Smalltalk fragt er die Queen, was das Geheimnis ihres großen Erfolges ist. Die Queen meint, man müsse nur viele intelligente Leute um sich herum haben.

»Wie wissen Sie so schnell, ob jemand intelligent ist?«, fragt Stoiber.

»Lassen Sie es mich demonstrieren«, antwortet die Queen. Sie greift zum Telefon, ruft Tony Blair an und stellt ihm eine Frage: »Mr. Premierminister. Es ist der Sohn Ihres Vaters, ist aber nicht Ihr Bruder. Wer ist es?« Ohne zu zögern, antwortet Tony Blair: »Ganz einfach, das bin ich!«

»Sehen Sie,« sagt die Queen, »so teste ich die Intelligenz der Leute, die um mich herum sind.«

Begeistert fliegt Stoiber zurück nach Deutschland. Zu Hause angekommen, ruft er sofort Schröder an, um ihm dieselbe Frage zu stellen. »Es ist der Sohn deines Vaters, ist aber nicht dein Bruder. Wer ist es?«

Nach langem Hin und Her sagt Schröder: »Ich habe keine Ahnung, ich werde aber versuchen, die Antwort bis morgen herauszufinden!« Schröder kommt und kommt nicht drauf und ruft letztendlich bei Fischer an. »Es ist der Sohn deines Vaters, ist aber nicht dein Bruder. Wer ist es?«, fragt er Fischer.

»Ganz leicht, das bin ich!«, antwortet Fischer. Glücklich, die Antwort gefunden zu haben, ruft Schröder bei Stoiber an und jubelt: »Ich hab die Antwort, es ist der Fischer!«

Stoiber brüllt ihn triumphierend an: »Nein, du Trottel, es ist der Tony Blair!«

Warum können Skelette nicht Fahrrad fahren? Weil sie kein Sitzfleisch haben!

☺

»Ich grüble vergebens, was ich meiner Liebsten zum Fest der Liebe schenken könnte.«
»Eine Rauchtischlampe?«
»Nein, sie raucht nicht.«

☺

Beim Friseur klagt ein Kunde: »Mein Herr, was soll ich machen? Ich bekomme eine Vollglatze und dazu noch Hornhaut an den Füßen!«
»Na, dann kaufen Sie doch bitte zunächst ein längeres Bett!«

☺

In München erregte ein alter, zerbeulter Wagen großes Aufsehen. An seiner Heckscheibe hing ein Schild: »Vorsicht! Ging als Sieger aus zehn Verkehrsunfällen!«

☺

Dennis zu seinem Vater: »Papi, das Faxgerät ist kaputt! Ich wollte meiner Freundin gerade ein Fax schicken, doch der Brief kommt immer wieder raus ...!«

☺

Im Wirtshaus wird ein großes Betriebsfest gefeiert. Es geht überall sehr lustig zu, aber an einem Tisch sitzt ein Mann und schläft.
»Warum wirfst du den Kerl nicht raus?«, fragt ein Kellner seinen Kollegen.
»Ich werde mich hüten. Ich habe den Herrn schon dreimal geweckt, und jedes Mal hat er die Rechnung für alle bezahlt!«

☺

Warum haben Männer keine Orangenhaut?
Weil es einfach nicht gut aussieht!

☺

»Das hätten wir geschafft«, klopft ein Tourist seiner Gattin auf die Schulter, als sie endlich eine Parklücke gefunden haben. »Jetzt müssen wir nur noch herausfinden, in welcher Stadt wir gelandet sind!«

☺

Zwei Blondinen treffen sich. Sagt die eine: »Die Jungs sind alle Luft für mich!«
Darauf die andere: »Meinst du nicht, dass diese ewige Luftveränderung auf Dauer schädlich ist?«

☺

»Mein Vater ist Numismatiker«, erklärt Heinz dem Busfahrer.
»Was ist denn das?«
»Na jemand, der Münzen sammelt.«
»Diese moderne Zeit: Als hätte es das gute, alte Wort ›Bettler‹ nicht auch getan!«

☺

Warum hat der Weihnachtsmann eigentlich keine Kinder?
Antwort: Weil er immer nur durch den Kamin kommt.

☺

Max hat nach dem Junggesellenabschied seines Freundes einen Riesenkater. Er zwingt sich, die Augen zu öffnen, und blickt zuerst auf eine Packung Aspirin und ein Glas Wasser auf dem Nachttisch. Er setzt sich auf und schaut sich um. Auf einem Stuhl liegt seine gesamte Kleidung schön zusammengefaltet. Er sieht, dass im Schlafzimmer alles sauber und ordentlich aufgeräumt ist. Und so sieht es in der ganzen Wohnung aus. Er nimmt die Aspirin und bemerkt einen Zettel auf dem Tisch: »Liebling, das Frühstück steht in der Küche, ich bin schon früh weg, um einkaufen zu gehen. Ich liebe dich!« Also geht er in die Küche und tatsächlich – da steht ein Frühstück, und die Morgenzeitung liegt auf dem Tisch. Außerdem sitzt da sein Sohn und isst.

Er fragt ihn: »Kleiner, was ist gestern eigentlich passiert?«

Sein Sohn sagt: »Tja, Dad, du bist um drei Uhr früh heimgekommen, total besoffen und eigentlich schon halb bewusstlos. Du hast ein paar Möbel demoliert, in den Flur gekotzt und hast dir fast ein Auge ausgestochen, als du gegen einen Kerzenständer gekrabbelt bist.«

Verwirrt fragt er weiter: »Und warum ist dann alles hier so aufgeräumt und das Frühstück steht auf dem Tisch?«

»Ach das!«, antwortet sein Sohn. »Mama hat dich ins Schlafzimmer geschleift und aufs Bett gewuchtet, aber als sie versuchte, dir die Hose auszuziehen, hast du gesagt: ›Hände weg, du Schlampe, ich bin glücklich verheiratet‹.«

Ein Australier hat gehört, dass man in Deutschland zu »Glück« auch »Schwein« sagt. Er ist auf einem Ball eingeladen, und der Gastgeber fragt ihn: »Haben Sie schon mit meiner Tochter getanzt?«

Da antwortet er: »Nein, dieses Schwein habe ich noch nicht gehabt.«

Gerade will Frau Schlüsselfeld aus der Straßenbahn aussteigen, als ihr ein aufmerksamer Fahrgast hinterhereilt: »Gnädige Frau, Sie haben auf Ihrem Sitz ein Paket liegen gelassen!«

Die Dame lächelt nur und winkt ab: »Lassen Sie mal, guter Mann. Das ist das Mittagessen für meinen Gatten, er arbeitet auf dem Fundbüro!«

☺

Warum nennt eine Blondine ihre neugeborene
Tochter Gabriele?
Weil sie nicht weiß, ob das Kind vom GAsman,
vom BRIefträger oder vom ELEktriker ist.

☺

Warum kann ein Holländer in Deutschland kein
Bürgermeister werden?
Weil die Deutschen gerne wissen wollen, wo ihr
Rathaus gerade ist!

☺

Unterhalten sich zwei Nachbarn über den Zaun.
»Na, Herr Schulze, Ihr Jüngster ist wohl wieder
aus dem Zeltlager zurück? Er hat bestimmt tolle
Eindrücke mitbekommen!«
»Eindrücke? Eher weniger. Aber Ausdrücke – und
was für welche!«

☺

Nicki Lauda erfährt, dass sein Sohn Rennfahrer
werden will. Er stellt ihn zur Rede: »Wenn du
das machst, Junge, dann kriegst du einen Satz
heiße Ohren!«

☺

Wer ist ein echter Musikliebhaber? Einer, der Heidi Klum in der Dusche trällern hört und sein Ohr ans Schlüsselloch hält!

☺

Was ist eine Kuh mit einem Regenschirm?
Ein überspanntes Rindvieh.

☺

»So, Herr Maler, die Beratung, die Formulare und das Anschreiben ... das macht dann zusammen 400 Euro.«
»Bitte schön, Herr Anwalt, ich bin leider etwas schwerhörig. Sagten Sie 800 Euro?«
»Nicht doch, 600!«

☺

In Bagdad werden die 8 Doppelgänger von Saddam Hussein in einem Bunker zusammengerufen.
Ein General verkündet: »Ich habe eine gute und eine schlechte Nachricht für Euch.«
Die Gute: »Saddam lebt!«
Die Schlechte: »Er hat einen Arm verloren!«

☺

Kommt der Papst zum Erzbischof von Köln, und als beide den Raum betreten, grüßt ein Papagei: »Guten Morgen, werter Herr Bischof!«
Daraufhin sagt der Papst: »Sag mal, woher hast du denn solch einen prächtigen Papagei, den würde ich mir gern einmal ausleihen.«
Sagt der Bischof: »Ihr Wunsch soll erfüllt werden. Das Problem ist nur, der Papagei kann nur ›Guten Morgen, werter Herr Bischof‹ sagen.«
Darauf der Papst: »Mich zu grüßen, könnte ich ihm ja beibringen!«
Zurück in Rom. Allmorgendlich wird der Papst vom Papagei mit den Worten begrüßt: ›Guten Morgen, werter Herr Bischof‹. Nun sagt der Papst: »Wie soll mich der Vogel auch erkennen, ich bin gar nicht ordentlich angezogen.« Am nächsten Tag betritt der Papst in seinem Gewand das Zimmer. Darauf der Papagei: »Kölle Alaaaf!«

Gerne würde der Tausendfüßler auch einmal das Skifahren erlernen. »Aber, das wird nichts, bis ich meine Bretter dranhabe, ist der Winter vorbei!«, seufzt er traurig.

☺

»Liebling, sehe ich wirklich aus wie fünfunddrei-
Big?«, fragt Carola eines Abends ihren Gatten.
Darauf der Ehemann: »Nein, Schatz, das schon
lange nicht mehr!«

☺

Der Papst läuft die Weihrauchkugel schwin-
gend den Ölberg hinab. Von weitem beobachtet ihn ein junger Mann. Plötzlich tritt er hervor
und zupft den Heiligen Vater am Arm: »Fräulein,
entschuldigen Sie, Ihre Tasche brennt!«

☺

Ein Chinese kommt aus einer Bäckerei. Im Arm
hält er eine Blondine.
Was hat er bestellt?
Ein Blöd(t)chen.

☺

Gedanken des Weihnachtsmannes, als er die ver-
führerische, leicht bekleidete junge Verena auf
dem Sofa sieht: »Tu ich's, komme ich nicht wieder
zurück in den Himmel. Tu ich's nicht, komme ich
nicht wieder zurück durch den Kamin ...«

☺

Sagt die Putzfrau: »Ich kündige heute und kehre dann nie wieder!«

☺

Wie nennt man Jesus auf Holländisch?
Jupp van Balken.

☺

Ein Kumpel am Stammtisch zum anderen: »Ich hätte lieber Alzheimer als Parkinson. Lieber vergesse ich doch, ein paar Bier zu zahlen, als eines davon zu verschütten.«

☺

Fritzchen zeigt seinem Vater das neue Zeugnis, das er soeben mit nach Hause gebracht hat. Noch bevor der Vater den Mund aufmachen kann, sagt der Junge: »Mein Taschengeld reicht noch für 14 Tage und das Fernsehprogramm interessiert mich sowieso nicht besonders!«

☺

Wie heißt das Reh mit Vornamen?
Kartoffelpü!

Der Biologielehrer zu seinen Schülern: »Kennt Ihr ein Tier, das bei uns nicht vorkommt?«

»Klar, der Cockerspaniel!«, kommt es von Ulrich wie aus der Pistole geschossen.

»So ein Unsinn. Viele Leute haben doch einen Cocker. Wie kommst du auf so einen Quatsch?«

Ulrich: »Also, Herr Lehrer, dann kommen Sie bitte mal zu uns nach Hause. Wenn unser Cocker unterm Sofa liegt, kann man machen, was man will, der kommt nicht vor!«

Warum kann man mit Holländern nicht verstecken spielen?

Na, die sucht doch keiner!

Jupp und Jens treffen sich in der Stadt.

Jupp: »Wohin gehst du?«

Jens: »Ins Kino.«

Jupp: »Was kommt denn?«

Jens: »Quo Vadis! Weißt du, was das heißt?«

Jupp: »Wohin gehst du?«

Jens: »Ins Kino!«

☺

Die letzten Worte des Elektrikers: »Was is'n das hier für'n Kabel?«

☺

Was heißt Bratsche auf Arabisch?
Islahm.

☺

Warum kann eine Blondine nicht Autofahren?
Sie legt sich immer gleich auf den Rücksitz.

☺

Gespräch in der Adventszeit.
»Mutti, können Engel fliegen?«
»Ja, meine Kleine, Engel können fliegen!«
»Aber Berta kann doch nicht fliegen?«
»Nein, Berta ist doch unser Hausmädchen!«
»Aber Papa sagt zu ihr, sie sei ein süßer Engel!«
»Dann fliegt sie!«

☺

Warum ist Sahne teuer als Milch?
Weil es schwieriger ist, in so kleine Becher zu melken!

☺

Frau Meier zum Arzt: »So weit geht es mir gut, nur das Atmen macht mir große Beschwerden!« Arzt: »Keine Sorge, das bekommen wir auch noch weg!«

☺

»Liebling, haben deinen Freundinnen den Verlobungsring schon bewundert?«, fragt Laurenz seine Pia.
»Sehr«, erwidert sie, »zwei von ihnen haben ihn sogar wiedererkannt!«

☺

Treffen sich zwei Männer in der Stadt. Fragt der eine:»Zigarette?«
»Nein, danke, hab ich einmal probiert, hat mir nicht gefallen, und ich habe nie wieder geraucht.«
»Darf ich Ihnen ein Bier mitbringen?«
»Nein danke, Alkohol habe ich einmal probiert, hat mir nicht geschmeckt, ich habe seitdem nie wieder Alkohol angerührt.«
»Was machen Sie denn hier?«
»Ich warte auf meine Tochter.«
»Aha, sicher ein Einzelkind.«

☺

Norbert sucht einen Seelsorger auf.
»Sind Sie verheiratet?«, will der Geistliche wissen.
»Nein, Herr Pfarrer, bin nur so ganz allgemein
unglücklich!«

☺

Sagt die Frau eines zerstreuten Professors: »Liebling, deine Zerstreutheit ist ansteckend! Jetzt
wollte ich dir heute mal eine Freude machen
und dir eine neue Hose kaufen, stattdessen
habe ich mir einen neuen Mantel gekauft!«

☺

An der Eingangstür des kleinen Provinztheaters
war zu lesen: »Tiere dürfen nicht mit ins Theater.«
Einige Tage später war darunter mit einem dicken
Filzstift ergänzt worden: »Der Tierschutzverein!«

☺

Arbeiter: »Ich benötige eine Gehaltserhöhung, ich
habe geheiratet.«
Darauf der Chef: »Also, Herr Biendl, für Unglücks-
fälle außerhalb der Dienstzeiten bin ich nun wirklich nicht verantwortlich!«

☺

Kommt eine Schwangere zum Bäcker: »Guten
Tag, ich krieg ein großes Brot.«
Bäcker: »Oh, das tut mir aber leid.«

☺

»Was dirigiert Karajan denn heute?«, fragt ein Gast
den Geiger.
»Ich weiß nicht, was er dirigiert. Das Orchester
spielt heute Beethovens Neunte.«

☺

Zwei Blondinen gehen an der Hafenpromenade
spazieren. Als sie an einem großen Segelboot vor-
beilaufen, springt plötzlich ein Hund auf dem
Deck wie wild herum und bellt.
Fragt die eine: »Was ist das wohl für eine Rasse?«
Darauf die andere: »Na was wohl, ein Yachthund
natürlich!«

☺

Was ist der Unterschied zwischen Jesus und
einem Holländer? Jesus hat aus Wasser Wein
gemacht, die Holländer machen aus Wasser
Tomaten, Gurken, Blumen ...

☺

Die kleine Lisel steht mit ihrem neuen Mountain-
bike an der Ampel. Da kommt ein Polizist zu
Pferd angeritten und fragt: »Na, mein Mädchen,
hast du das Fahrrad vom Christkind bekommen?«
Lisel antwortet: »Ja, habe ich!«
Darauf der Polizist: »Entschuldige, aber ich muss
dir leider 20 Euro abnehmen. Sag dem Christkind
nächstes Jahr, es soll dir ein Bike mit Reflektoren
schenken, okay?«
Da fragt die Lisel: »Haben Sie das Pferd auch vom
Christkind bekommen?«
Der Polizist überlegt kurz und nickt dann.
Darauf das Mädchen: »Na, dann sagen Sie dem
Christkind nächstes Jahr, das Arschloch kommt
hinten hin, und nicht oben drauf!«

»Also, Sie geben zu, dass Sie der Vater dieses
Jungen sind?«, fragt der Richter Uwe.
»Ja, selbstverständlich!«, antwortet der.
»Gut«, sagt darauf der Richter, »dann müssen wir
ja nur noch das Bezahlen regeln.«
»Aber, aber, ich bitte Sie«, winkt Uwe ab, »dafür
möchte ich doch nichts haben!«

☺

Ein Mann sitzt betrübt in der Kneipe und hat ein Glas vor sich stehen. Ein Freund kommt herein, nimmt das Glas und kippt den Inhalt runter, ohne lang zu fragen. Da erbost sich der Trauernde: »Was soll das eigentlich? Was hab ich nur getan? Ich hab heute wirklich einen total beschissenen Tag hinter mir: Bei der Arbeit bin ich rausgeflogen, auf dem Heimweg hab ich einen Unfall gebaut. Totalschaden! Meine Frau erwische ich mit meinem allerbesten Freund im Bett, mein Sohn hat eine Bank überfallen und ist erwischt worden, dazu ist meine Tochter noch schwanger und weiß nicht mehr, von wem ... und dann kommst du daher und trinkst das Gift aus ...«

»Papi, warum heißen Hühner eigentlich Hühner?«, will die kleine Magdalena von ihrem Vater wissen.
»Also, mein Kleines«, holt der Vater Luft und beginnt mit seinem Erklärungsversuch, »sie sehen aus wie Hühner, sie laufen wie Hühner und sie fressen wie Hühner. Warum sollten sie dann nicht Hühner heißen?«

Wie heißt der Tausendfüßler auf Italienisch?
Molto bene!

☺

Der Chef ist außer sich vor Zorn über seine arbeitsscheue Sekretärin: »Wer hat Ihnen eigentlich gesagt, dass Sie hier im Büro nichts tun müssen, bloß weil ich Sie auf dem letzten Betriebsfest vernascht habe?«
Sekretärin: »Mein Anwalt!«

Jürgen ruft stocksauer beim Wetteramt an: »Ich wollte Ihnen nur sagen, dass die Feuerwehr Ihren leichten Nieselregen gerade aus meinem Keller pumpt!«

☺

Ein Hermelin steht vor der Himmelstüre. »Komm nur herein, armer Kerl«, sagt Petrus. »Weil man dir zu Lebzeiten nur an den Pelz wollte, hast du einen Wunsch frei!«
Das Hermelin nach kurzem Überlegen: »Eine Hose aus der Haut reicher, fetter Weiber, bitte!«

☺

Der Arzt untersucht Herrn Liebreiz und stellt fest:
»Sie haben ein äußerst schwaches Herz!«
»Das weiß ich, Herr Doktor, ich bin ja nicht umsonst zum dritten Mal verheiratet!«

☺

»Diana, warst du denn im Urlaub beim Bergsteigen?«, fragt Eva.
»Nein, wie kommst du darauf?«, antwortet Diana.
Darauf Eva: »Na, du siehst ziemlich heruntergekommen aus!«

☺

Ein Musiker hat sich verlaufen und fragt einen Fußgänger nach dem Weg: »Wie komme ich denn bitte zur Staatsoper?«
»Üben, mein Herr, üben, üben, üben!«

☺

»Wir sind da sehr umsichtig«, sagt Frau Müller, »wir schicken die Kinder immer nach draußen, wenn mein Mann und ich uns streiten!«
»Oh ja, obwohl es erst Anfang März ist, sind die Kinder schon ganz schön braun gebrannt!«

☺

Ein Mann möchte sich beim Fernsehen als Nachrichtensprecher bewerben. Das Vorsprechen klappt auch wunderbar. Aber dem Personalchef ist das dauernde Zucken des rechten Auges nicht entgangen, also sagt er: »Wir würden Sie ja sofort nehmen, aber Ihr dauerndes Augenzwinkern können wir unseren Zuschauern leider nicht zumuten!« Da meint der Mann: »Kein Problem, ich nehme vor der Sendung eine Aspirin, und alles ist in Ordnung!« »Na gut, da Ihre sonstigen Qualifikationen hervorragend sind, probieren wir es gleich heute Abend.« Am Abend sitzt der Mann nun vor seinem Nachrichtentisch, da kommt die Durchsage: »Noch 15 Minuten!«

Der Mann holt schnell seinen Rucksack raus und sucht seine Aspirin, dabei befördert er Unmengen an Kondomen ans Tageslicht. Doch schließlich findet er die Tabletten und alles klappt hervorragend. Danach muss er natürlich wieder zum Personalchef, der ihn erst einmal lobt, aber dann noch fragt, wo er denn die ganzen Kondome herhätte.

Darauf der Mann: »Na gehen Sie mal mit einem zwinkernden Auge in die Apotheke und verlangen Aspirin!«

☺

Ein Architekt, ein Künstler und ein Ingenieur unterhalten sich darüber, ob es besser ist, eine Frau oder eine Geliebte zu haben. Der Architekt erzählt, dass er die Zeit mit seiner Frau genießt, während sie eine solide Grundlage für eine dauerhafte Beziehung schaffen. Der Künstler sagt, er mag lieber eine Geliebte aufgrund der Leidenschaft und der Geheimnisse. Der Ingenieur meint: »Ich mag beide.«

»Beide?«, zweifeln die anderen zwei Männer.

»Ja, wenn du eine Frau und eine Geliebte hast, meinen beide, du verbringst deine Zeit mit der anderen. So hast du Zeit, ins Labor zu gehen und zu arbeiten«

☺

Warum essen Blondinen keine Brezeln?
Sie bekommen den Knoten nicht auf.

☺

Der Chemielehrer zur Klasse: »Alkohol ist ein gutes Lösungsmittel.«

Kommt prompt die Antwort: »Ja, vor allem für Probleme, Herr Lehrer.«

☺

Sagt die Null zur Acht: »Rattenscharfer Gürtel!«

☺

Der Fahrgast meckert den Taxifahrer an: »Guter Mann, können Sie nicht schneller fahren?«
»Wenn Ihnen meine Fahrweise nicht gefällt, können Sie ja aussteigen und zu Fuß gehen!«
»Wirklich nicht, nein danke, so eilig habe ich es nun auch wieder nicht!«

☺

Frau Sinner und Frau Paulsen treffen sich vor dem Kaufhaus.
Prahlt die eine: »Mein Sohn will Bakteriologe werden. Wie finden Sie das?«
Entgegnet die andere: »Ehrlich gesagt, heutzutage gibt es mir viel zu viele Fremdwörter. Als ob das herkömmliche Wort ›Bäcker‹ nicht gut genug wäre?«

☺

Warum heiraten Blondinen meistens einen von Drüben?
Damit sie auch adlig sind.

☺

Treffen sich ein Stein und ein Brett am Straßen-
rand.
Der Stein: »Du, ich bin ein Stein«.
Drauf das Brett: »Wenn du Einstein bist, bin ich
Brett Pitt.«

☺

Peter berichtet von seinem ersten Schultag:
»Heute hat jemand gesagt, dass ich dir sehr ähn-
lich sehe!«
Darauf der Vater stolz: »Und, was hast du gesagt?«
Darauf der Junge: »Naja, was hätt ich sagen sol-
len, der Junge war so viel stärker als ich!«

☺

Ein Tierarzt macht ausnahmsweise einen Haus-
besuch bei einer besorgten Katzenbesitzerin. Er
erklärt der Dame, dass das Tier trächtig sei.
»Aber Herr Doktor, das kann gar nicht sein«,
meint die Frau, »ich führe sie nur an der Leine
spazieren. Ansonsten ist sie zu Hause.« Da krab-
belt ein großer Kater grinsend unter dem Sofa
hervor. »Und was ist das?«, fragt der Tierarzt.
»Ach, der, das ist ihr Bruder!«

☺

Ein Künstler fragt den Galeristen, ob sich irgendjemand für seine Gemälde interessiert hätte. »Ich habe eine gute und eine schlechte Nachricht für Sie«, sagte der Galerist.

»Die Gute ist, dass gestern ein Herr sich nach Ihren Bilder erkundigt hatte. Er fragte mich, ob die Bilder nach Ihrem Tode im Wert steigen würden. Als ich das bejahte, hat er alle 15 Bilder gekauft.«

»Hey, das ist ja fantastisch«, freute sich der Künstler, »und was ist die schlechte Nachricht?«

»Der Herr war Ihr Hausarzt.«

☺

Zwei Irre brechen aus der geschlossenen Anstalt aus. Nachdem alle Mauern mühsam überwunden sind, sagt der eine fröhlich: »Jetzt aber schnell wieder zurück, Sven, die Generalprobe hat ja prima geklappt!«

☺

»Fragen, nichts als Fragen, Herr Richter. Wäre es nicht besser gewesen, Sie hätten sich über den Fall ein bisschen informiert?«

☺

»Wie kommen Sie denn schon wieder hierher?«, will der Gefängnispfarrer von Langfinger-Fritze wissen.
»Mein Glaube!«
»Ihr Glaube?«
»Ja, ich habe felsenfest geglaubt, das Juweliergeschäft hätte keine Alarmanlage!«

☺

Alte Kneipenweisheit:
Lieber, guter Mond,
du hast kein' Grund zur Klage,
nur zwölf Mal bist du voll im Jahr,
wir sind's bald alle Tage.

☺

Julian sitzt gespannt vor dem Fernseher. Mit einem spontanem Ruck dreht er sich plötzlich herum und fragt: »Liebes, hast du eben was gesagt?«
Darauf die Gattin: »Gestern, Schatz, gestern!«

☺

Sagt ein Gen zum andern: »Halogen!«

☺

Stehen zwei Hühner vor dem Schaufenster eines Kaufhauses. Beim Anblick der reichen Auswahl von Eierbechern sagt die eine zu anderen: »Sieh nur, Beate, haben die hier nicht tolle Kinderwägen!«

☺

»Mein Name ist Kurz!«
»Meiner auch, ich heiße Lang!«

☺

Was ist das: Tagsüber läuft man drauf, nachts schläft man drin und morgens putzt man sich damit die Zähne?
Blöde Frage: ein Teppich, ein Bett und eine Zahnbürste!

☺

In der Biologiestunde.
»Zu welcher Gattung gehört der Wal?«
»Zu den Säugetieren.«
»Und wozu gehört der Hering?«
Erna weiß das: »Zu den Salzkartoffeln, Herr Lehrer!«

☺

Kai klagt über Herzbeschwerden. Der Notarzt untersucht ihn und meint: »Solange Sie leben, hält es noch durch.«

☺

Ein Junge und ein Mädchen sind alleine im Wald. Da sagt der Bub: »Na, wollen wir ein wenig Dummheiten machen?«
»Auja«, sagt das Mädchen, »drehen wir das Schild um!«

☺

Woran erkennt man, dass eine Blondine den Garten angelegt hat?
Die Büsche sind größer als der Rest des Grundstücks.

☺

Der Erdkundelehrer fragt seine Schüler: »Wer von euch kennt die Fahnen anderer Länder?«
Meldet sich Oliver und sagt: »Ich! Der Russe stinkt nach Wodka, der Chinese nach Reiswein, der Mexikaner nach Tequila, der Franzose nach Rotwein und der Deutsche nach Bier!«

☺

Ein Limousinefahrer soll Papst Benedikt XVI. vom Flughafen abholen. Nachdem er sämtliches Gepäck des Papstes verstaut hat (und das ist nicht wenig), merkt er, dass Ratzi noch immer nicht im Auto sitzt und spricht ihn darauf an:

»Entschuldigen Sie, Eure Heiligkeit, würde es Ihnen was ausmachen, sich ins Auto zu setzen, damit wir losfahren können?«

Der Papst antwortet: »Um ehrlich zu sein, im Vatikan darf ich nie Autofahren. Würden Sie mich fahren lassen?«

Der Fahrer sagt, dass dies nicht möglich sei, da er sonst seinen Job verlieren würde. »Gar nicht auszudenken, was passiert, wenn der Papst einen Unfall hat«, denkt sich der Fahrer und wünscht sich, dass er heute morgen nie zur Arbeit gegangen wäre.

Der Papst: »Ich würde Sie dafür auch fürstlich entlohnen.«

»Na gut!«, denkt sich der Fahrer und steigt hinten ein. Der Papst setzt sich hinters Lenkrad und braust mit quietschenden Reifen davon. Als die Limousine mit 150 km/h durch die Stadt fährt, bereut der Fahrer seine Entscheidung schon und bittet: »Bitte Eure Heiligkeit, fahren Sie doch etwas langsamer!«

Kurz darauf hört er hinter sich Sirenen heulen.

Der Papst hält an und ein Polizist nähert sich dem Wagen. Der Chauffeur befürchtet schon, seinen Führerschein zu verlieren.

Der Polizist wirft einen kurzen Blick auf den Papst, geht zurück zu seinem Motorrad, nimmt sein Funkgerät und verlangt seinen Chef zu sprechen. Als sein Chef am Funkgerät ist, erzählt der Polizist ihm, dass er gerade eine Limousine mit 150 km/h aufgehalten hat.

Der Chef: »Na dann, verhaften Sie ihn doch!«

Polizist: »Ich glaube nicht, dass wir das tun sollten. Der Fahrer ist ziemlich wichtig.«

Sein Chef antwortet darauf, dass es ihm völlig egal sei, wie wichtig die Person ist. Wenn jemand mit 150 durch die Stadt fährt, gehöre er verhaftet.

»Nein, ich meine WIRKLICH wichtig!«, antwortet der Polizist.

Chef: »Wer sitzt denn in dem Auto? Der Bürgermeister?«

»Nein!«, antwortet der Polizist. »Viel wichtiger!«

»Bundeskanzler?«

»Nein, noch viel wichtiger.«

»Gut, wer ist es denn?«

»Ich glaube, es ist Gott!«
»Warum zum Teufel glauben Sie, dass es Gott ist?«
»Er hat den Papst als Chauffeur!«

Zwei Tafeln Schokolade versuchen, Snowboard zu lernen.
Sagt die eine: »Ich mach nicht mehr mit, ich hab mir eine Rippe gebrochen.«
Sagt die andere: »Ich mag auch nimmer, mir tun die Nüsse weh.«

Als man in Ost-Berlin den Fernsehturm baute, kam oben auch ein Restaurant mit hinein. Allerdings hatte man große Probleme mit den Toilettenanlagen. Da es zur Bauzeit gerade mal wieder keine Rohre gab, hatte man diese eben einfach weggelassen. Man wusste sich aber zu helfen. Der ganze Mist wurde in die Antenne gepumpt und gesendet.

Warum kann ein Nashorn nicht Motorradfahren?
Weil es keinen Daumen zum Klingeln hat.

☺

Der Chefarzt redet dem jungen Assistenzarzt eindringlich ins Gewissen: »Lieber Herr Kollege! Sie sollten beim Ausstellen des Totenscheins wirklich besser aufpassen. Sie haben schon wieder in die Zeile mit der Frage nach der Todesursache Ihren eigenen Namen eingetragen!«

Karl Hermann bekommt vom Augenarzt eine Brille verordnet. Als er dem Arzt einige Zeit später begegnet, fragt dieser: »Nun, haben Sie sich schon an die Brille gewöhnt?«
Karl ruft begeistert: »Aber ja doch, jetzt treffe ich sogar Leute, denen ich jahrelang nicht begegnet bin.«

Ein Mann im Zugabteil bittet einen anderen Fahrgast, ihm doch den Koffer für einen Moment abzunehmen.
Ereifert sich der Herr: »Erlauben Sie mal, aber ich bin Bundeskanzler und kein Kofferträger!«
Sagt der Mann: »Auch recht! Ich vertraue Ihnen trotzdem!«

☺

Rabbi David Rosenbaum ist ein leidenschaftlicher Golfer. Leider regnet es die ganze Woche lang ununterbrochen. Doch dann eines schönen Sabbats: Traumwetter!
Da Menschen jüdischen Glaubens am Sabbat weder arbeiten noch sich irgendwie sportlich betätigen dürfen, steckt der Rabbi in einer verzwickten Lage. Er stellt sich die Frage: »Golf oder Gott?« Er schaut nochmals aus dem Fenster: Der Rasen glitzert im Sonnenlicht und kein Lüftchen geht. Einfach perfektes Wetter.
Fünf Minuten später steht er auf dem Golfplatz, natürlich getarnt, und zielt auf das Loch. Im Himmel rennt ein Engel zu Gott und fragt ihn: »Gott! Siehst du das? Das darf er doch nicht! Du musst ihn bestrafen!«
»Keine Sorge, er wird jetzt seine Bestrafung erhalten.«
Der Rabbi nimmt Schwung und … eingelocht!
Der Engel ist entsetzt: »Gott, hast du das gesehen! Und wo ist nun die Bestrafung?«
Gott: »Na, wem soll er von seinem Erfolg erzählen?«

☺

Ein Komponist liest seine Diagnose.
Darauf steht: »Sie haben noch drei Monate zu leben!«
Also murmelt der Musiker:»Von was denn?«

☺

Manfred kommt betrunken zum Fotografen: »Machen Sie bitte eine Gruppenaufnahme?« – »Klar, stellen Sie sich bitte im Halbkreis auf!«

☺

Warum können Blondinen keinen Pudding kochen?
Weil sie das Rezept immer vergessen.

☺

Der Gefangene Nr. 3867 unterhält sich mit dem Zellennachbarn Nr. 4711: »Mann, wenn ich so eine Nummer hätte wie du, wäre ich schon längst verduftet!«

☺

Mit welchem Spruch kriegt man eine Blondine rum?
Hallo!

☺

Ein Franzose, ein Engländer und ein Deutscher sitzen im Lokal.

Sagt der Franzose: »Ist das dort am Tisch nicht Jesus?«

Der Deutsche geht hin und fragt: »Sind Sie Jesus?«

Jesus: »Ja, ich bin es.«

Der Deutsche geht zurück: »Ja, er ist es.«

Darauf geht der Engländer hin und lässt sich von Jesus seinen Hammerzeh heilen.

Danach geht der Franzose hin und lässt sich sein krankes Kreuz heilen. Nachdem Jesus mit dem Essen fertig ist, kommt er zu dem Deutschen und fragt ihn, ob er denn keine Schmerzen habe.

Darauf der Deutsche: »Nehmen Sie bloß die Finger weg, ich bin noch zwei Monate krankgeschrieben!«

Freudig begrüßt die Klassenlehrerin die Schülerinnen nach den großen Sommerferien.

»Na, habt ihr auch alle schöne Ferien verbracht?«, fragt sie.

Darauf die kleine Bärbel: »Ja, klasse. Aber viel zu kurz für einen Aufsatz!«

Die Mutter zu ihrer kleinen Tochter: »Marie, bevor du in die Schule gehst, musst du dir noch die Hände waschen!«

»Ach«, beruhigt Marie ihre Mutter, »das ist nicht nötig. Ich werde mich nicht melden!«

Zwei Ostfriesen gehen in einen Schuhladen und fragen nach Krokodilederschuhen. Die Halbschuhe kosten 1000,– und die Stiefel 1400,– Euro. Da das zu teuer ist, beschließen sie, selbst an den Nil zu fahren und ein Krokodil zu schießen. So wird's gemacht. Schon bald stehen sie im Nil und schießen ein Krokodil nach dem anderen. Nach dem 10. Krokodil, das sie auf den Sand wuchten, sagt der eine zum anderen: »Also eins hau ich noch um, aber wenn das auch keine Schuhe anhat, dann fahr ich wieder nach Hause!«

»Meine Oma darf nicht mehr auf den Fernsehturm!«

»Warum nicht?«

»Sie wollte die Hubschrauber füttern!«

☺

In der Warteschlange an der Bushaltestelle steht
eine junge hübsche Dame.

Sie ist mit einem ganz engen Lederminirock ge-
kleidet und dazu passenden Lederstiefeln und
Lederjacke.

Der Bus kommt und sie ist an der Reihe. Als sie
versucht, in den Bus zu steigen, merkt sie, dass sie
wegen des engen Minirocks ihr Bein nicht hoch
genug für die erste Stufe bekommt.

Es ist zwar peinlich, aber mit einem kurzen
Lächeln greift sie hinter sich, um den Reißverschluss an Ihrem Minirock ein bisschen zu öffnen
und so mehr Bewegungsfreiheit zu haben. Leider
reicht dies aber noch nicht aus, das Bein hoch
genug für die erste Stufe zu heben. Sie greift wieder nach hinten, um den Reißverschluss weiter zu
öffnen, muss aber anschließend feststellen, dass
sie immer noch nicht bis zur ersten Stufe gelangt.
Sie lächelt den Busfahrer noch einmal zu und
öffnet den Reißverschluss, zum dritten Mal, noch
ein bisschen weiter – vergebens, der Rock bleibt
zu eng und die erste Stufe unerreichbar. Da packt
sie ein in der Warteschlange hinter ihr stehender
Mann an der Hüfte und hebt das Mädchen grin-

send auf die erste Stufe. Sie ist völlig empört und dreht sich um:

»Wie können Sie es wagen, mich an zufassen. Ich weiß ja nicht einmal, wer Sie sind!«

Darauf er: »Normalerweise würde ich Ihnen zustimmen. Aber nachdem Sie jetzt dreimal meine Hose geöffnet haben, dachte ich, wir wären Freunde!«

Drei Kirchenvorsteher unterhalten sich, wer denn wohl den liberalsten Pfarrer in der Gemeinde habe. Stolz prahlt der erste drauflos:

»Unser Pfarrer bietet Limbo-Kurse um das Altarkreuz herum an!«

Der zweite: »Das ist doch gar nichts! Unser isst am Karfreitag vor der ganzen Gemeinde ein Spanferkel!«

Darauf meint der dritte nur: »Vergesst das alles! Unser Pfarrer hängt an Weihnachten und Ostern ein Schild an die Kirchentür: Wegen der Feiertage geschlossen!«

Warum steht ein Pils im Wald?
Weil die Tannen zapfen!

☺

Zwei Nachbarinnen plaudern am Gartenzaun:
»Dein Mann arbeitet doch seit kurzem bei der
Brauerei. Gefällt ihm die Arbeit dort?«
»Ich glaube schon. Er bringt sogar seine Ergebnisse
mit nach Hause!«

☺

»Nun, Frau Tescher«, erkundigt sich der Homöo-
path, als er seiner langjährigen Patientin begegnet,
»wie geht es Ihnen denn?«
»Ach, nehmen Sie es mir bitte nicht übel, aber es
geht mir ganz gut!«

☺

Pit stellt Wolfgang eine Gewissensfrage: »Was würdest du eher aufgeben, den Wein oder die Frauen?«
Darauf Wolfgang: »Pit, ganz ehrlich? Das käme auf
den Jahrgang an!«

☺

Maus und Elefant gehen über eine Brücke.
Elefant: »Das dröhnt ganz schön, was?«
Maus: »Kein Wunder, ich habe heute meine
schweren Stiefel an!«

Eine schwerhörige Omi sitzt auf einer frisch ge-
strichenen Parkbank. Kommt ein Mann vorbei
und sagt: »Hier wurde frisch gestrichen!«
Darauf die Oma lächelnd: »Wie?«
»Rosa!«, sagt der Mann und geht davon.

☺

Ein Schotte, der sich erst vor kurzem in Spare-
town niedergelassen hat, sucht einen neuen Arzt
auf.
»Was kostet das denn hier?«, erkundigt er sich
im Wartezimmer bei einem Patienten.
»Für die erste Untersuchung nimmt er zwei
Pfund. Für jede weitere Beratung zehn Schil-
linge.«
Als der Schotte an der Reihe ist, betritt er das
Sprechzimmer mit den Worten: »Da bin ich wieder, Herr Doktor.«
Der Arzt grübelt und sieht den Mann prüfend
an. »Na, fein«, sagt er schließlich. »Dann nehmen Sie nur einfach die Medizin weiter, die ich
Ihnen bei Ihrem ersten Besuch verordnet habe.
Und die schwere Operation machen wir dann
nächste Woche.«

☺

»Chef, da möchte Sie ein Herr sprechen.«
»Im Augenblick habe ich leider keine Zeit. Bieten
Sie ihm in der Zwischenzeit einen Stuhl und einen
Kaffee an.«
»Ob er sich damit zufriedengibt? Es ist der Ge-
richtsvollzieher!«

Die Kühe von Bauer Merle stehen gemütlich auf
der Weide und kauen und kauen. Etwas am Rande
weidet Gisela. Plötzlich wendet sich die Herde
ihr zu und raunt: »Mädels, wir müssen etwas un-
ternehmen. Wenn die abergläubische Kuh noch
weiter nur vierblättrigen Klee frisst, fällt die uns
noch vom Fleisch!«

Der junge Dr. Brösel hat seine erste Entbindung
erfolgreich hinter sich gebracht, wenngleich er
auch mit den Nerven am Ende ist. Sein Chef
spart nicht mit Lob, bemerkt jedoch: »Normalerweise gibt man nach der Entbindung dem
Neugeborenen und nicht der jungen Mutter einen
Klaps auf den Po!«

☺

James ist bei den Eltern seiner Freundin zum Essen eingeladen. Es gibt Linsensuppe. Nach dem zweiten Teller bekommt er plötzlich Blähungen. Leise lässt er einen Furz ab. Die Mutter ruft laut: »Bello!« James ist erleichtert – sie glaubt also, dass der Hund unter dem Tisch dran schuld ist. Er lässt deshalb gleich noch einen fahren, diesmal etwas lauter. Wieder ruft die Mutter: »Bello!«
Jetzt lässt James völlig entspannt richtig einen ab. Die Mutter ruft total entsetzt: »Bello! Komm endlich unter dem Tisch vor – sonst kackt dir der Typ noch auf den Kopf.«

☺

Irakischer Bäcker ungeduldig zum Lehrling: Bagdad!

☺

Martin kommt freudestrahlend von der Schule nach Hause. Stolz berichtet er seiner Mutter von der ersten Englischstunde: »Du, Mama, ich kann schon ›Guten Tag‹ und ›Auf Wiedersehen‹ sagen!«
»Freut mich für dich, Liebling«, meint die Mutter, »auf Deutsch konntest du es bisher ja nicht!«

Ein Kompaniechef, der unheimlich schielt, steht vor der Kompanie.
Er stellt sich vor den ersten Soldaten und brüllt: »Wie heißen Sie?«
Antwortet der zweite Soldat: »Müller, Herr Hauptfeldwebel.«
Er stellt sich vor den zweiten und schreit ihn an: »Sie habe ich nicht gefragt!«
Darauf der dritte: »Und ich hab nichts gesagt.«

Ein Jude kommt zum Metzger, zeigt geradewegs auf einen Schinken und sagt: »Ich hätte gern diesen Fisch dort.«
»Aber das ist doch ein Schinken!«
»Mich interessiert nicht, wie der Fisch heißt!«

☺

Die Arzthelferin zu ihrem Chef, Herrn Dr. Limmer: »Herr Doktor, Sie versuchen gerade, das Rezept mit einem Fieberthermometer zu unterschreiben!«
Antwortet der Arzt zerstreut: »Na sowas, wo habe ich denn dann bloß meinen Kugelschreiber stecken lassen?«

☺

Frau Schneider hatte drei Töchter. Sie bat die drei, sie nach der Hochzeitsnacht anzurufen und ihr diskret mitzuteilen, wie sich ihre Männer im Bett denn angestellt hätten.

Die erste sagte: »Er war wie Tchibo.«

Die Mutter war etwas verwirrt, bis sie eine Kaffeewerbung sah, mit dem Spruch: »Zufriedenheit bis zum letzten Tropfen …«

Da war die Mutter glücklich. Dann meldete sich die zweite Tochter. Bei ihrem Anruf flüsterte sie nur: »Rothmans«.

Also suchte die Mutter nach einer Rothmans-Anzeige. Sie fand eine mit dem Werbespruch: »Live Life King Size …«

Und die Mutter war abermals zufrieden. Schlussendlich heiratete auch die jüngste Tochter. Nach einer Woche rief sie an und murmelte bloß: »Lufthansa …«

Die Mutter sah alle Magazine durch und fand dann endlich eine Anzeige der Fluglinie. Als sie den Spruch las, schrie sie bloß: »Oh, mein Gott: Viermal täglich, hin und zurück, und das jeden Tag!

☺

Zwei blonde Männer arbeiten für die Stadtverwaltung. Der eine gräbt ein Loch, der andere kommt gleich hinter ihm drein und füllt das Loch wieder zu. Sie arbeiten fanatisch den ganzen Tag ohne Pause, Loch graben – Loch füllen.

Ein Passant, der zum faszinierten Zuschauer wird, nimmt sich schließlich ein Herz und fragt den Lochgräber: »Ich finde das ja fantastisch, diese Anstrengungen und Begeisterung, die sie in ihren Job investieren. Aber sagen sie mal, wozu das alles? Sie graben und Ihr Partner schüttet wieder zu?«

Der Lochgräber wischt sich den Schweiß von der Stirn, seufzt und sagt schließlich: »Normal sind wir zu dritt, aber unser Kollege, der die Bäume pflanzt, ist heute leider krank!«

Die Eltern des Brauereistudenten wollen über das Wochenende ihren Sohn besuchen. Sie kommen zu der Adresse, wo sie immer das Geld hinschicken. Die Tür steht offen.

Der Vater ruft nach oben: »Wohnt hier der Student Habermann?«

Nun tönt es zurück: »Ja, schon gut, tragen Sie ihn einfach herauf!«

Im Wartezimmer des Ohrenarztes: »Der Nächste,
bitte!«
Franz springt auf und stürzt zur Tür.
Die Sprechstundenhilfe runzelt die Stirn.
»Sie sind doch gar nicht der Nächste!«
»Nein, aber die anderen haben Ihre Aufforderung
nicht gehört!«

Der ländliche Gemeinderat berät sich schon seit
Stunden hinter verschlossenen Türen. Eine Ampel
soll errichtet werden. Der Kämmerer muss noch
schnell einen weiteren Ordner aus der Schreibstube holen und trifft auf dem Flur auf einen
anderen Kollegen. »Heute dauert's aber wieder
lange!«, meint der, worauf der Kämmerer sagt:
»Ja, die können sich mal wieder nicht über die
Farbgebung einigen!«

Hugo war jahrelang Mitglied im Kirchenchor.
Auf einmal blieb er weg und wurde nach dem
Grund gefragt. Darauf sagte er: »Ich konnte
eines Tages nicht mitsingen, und da wurde der
Chorleiter gefragt, ob die Orgel repariert wor-
den wäre!«

☺

Der Jäger geht mit seinem Hund auf Safari. Mittags legt sich der Hund unter einen Baum, um sich auszuruhen. Plötzlich kommt ein hungrig aussehender Löwe auf ihn zu. Der Hund bekommt Angst und überlegt, wie er aus dieser Situation rauskommen könnte. Er schleicht ein Stück weiter und legt sich vor einem riesigen Knochenhaufen auf den Boden. Als der Löwe nah genug ist, sagt er laut: »Das war aber ein leckerer Löwe. Ich wünschte, es wäre noch so einer da.«
Der Löwe bekommt Angst und haut schnell ab.
Ein Affe, der alles von einem Baum aus beobachtet hat, überlegt, wie er das Ganze zu seinem Vorteil ausnützen und den Löwen zum Freund gewinnen könnte. Er läuft zu dem Löwen und klärt ihn über alles auf. Da sagt der Löwe: »Komm her, Affe, spring auf meinen Rücken und wir holen uns den verdammten Hund!« Der Hund sieht das seltsame Gespann schon von weitem. Er denkt kurz nach und als die beiden nah genug sind, meint er: »Wo bleibt denn nur dieser verlauste Affe? Vor einer Viertelstunde hab ich ihn losgeschickt, um einen neuen Löwen zu besorgen, und er ist immer noch nicht zurück!«

☺

»Auf einem Bein steht sich's schlecht«, meinte Heiko, der Tausendfüßler, und schüttete sich noch 999 Klare hinter die Binde.

☺

Was ist durchsichtig und riecht nach Mohrrübe?
Ein Kaninchenpups.

☺

»Nico, deine Aufsätze sind ein einziges Drama«, schimpft Lehrer Hempel, »hast du denn keinen Bruder, der dir helfen könnte?«
Nico siegesgewiss: »Jetzt noch nicht, aber bald krieg ich einen!«

☺

Was ist der Unterschied zwischen einer Prostituierten, einer Nymphomanin und
einer Blondine?
Die Prostituierte sagt: »Bist du immer noch nicht fertig?«
Die Nymphomanin sagt: »Was? Schon fertig?«
Die Blondine sagt: »Pink. Ich denke ich streiche die Wand pink.«

☺

Ein alter Ostfriese läuft schwer bepackt über einen Bahnhof einer Kleinstadt und fragt nach längerem Zögern einen seiner Mitreisenden: »Was halten Sie eigentlich von Ostfriesen?«

Darauf erwidert der Mann: »Ich bin ein großer Bewunderer des ostfriesischen Volkes.«

Der Alte geht weiter und fragt den nächsten dieselbe Frage. Dieser erwidert: »Ich bin fasziniert von den Leistungen ostfriesischer Mitmenschen in Kultur und Wissenschaft.«

Der Alte bedankt sich für diese Antwort und geht zu einem anderen Mann. Dieser erwidert auf die gleiche Frage: »Ich mag Ostfriesen nicht besonders und bin froh, wenn ich nichts mit ihnen zu tun habe.«

Darauf der alte Herr: »Sie sind ein ehrlicher Mann, könnten Sie bitte mal auf mein Gepäck aufpassen, ich muss auf die Toilette.«

Der Wirt bittet den Gast, endlich zu gehen, und öffnet ihm die Türe zur Straße.

Gast: »Mein Gott, was stinkt hier so?«

Wirt: »Das stinkt nicht, das ist Frischluft.«

☺

Ein Pfarrer, ein Arzt und ein Ingenieur warteten eines Morgens auf eine besonders langsame Gruppe von Golfern.

Der Ingenieur ziemlich sauer: »Was ist mit denen ... Wir müssen hier seit 15 Minuten warten!«

Der Arzt zustimmend: »Ich weiß nicht, aber ich habe noch nie so ein Unvermögen gesehen.«

Der Pfarrer sagte: »Hey, da kommt der Platzwart. Lasst uns mit ihm reden.«

»Du, Luke, was ist eigentlich mit dieser Gruppe da vor uns? Die sind ziemlich langsam, oder?«

Der Platzwart antwortete: »Ah ja, das ist die Gruppe der blinden Feuerwehrmänner. Sie verloren ihr Augenlicht letztes Jahr, als sie das Feuer im Clubhaus löschten. Wir lassen sie immer kostenlos spielen.« Die drei wurden ganz still.

Dann sagte der Pfarrer: »Das ist traurig. Ich glaube ich werde heute Abend ein Gebet für sie sprechen.«

Der Arzt: »Gute Idee. Ich werde mich mal mit meinem Kumpel, der hat eine Augenklinik, in Verbindung setzen. Vielleicht kann der irgendwas machen.«

Der Ingenieur: »Warum spielen die Jungs nicht nachts?«

☺

Es schneit, und Hilde, die Schnecke, klettert den Stamm eines Orangenbaumes entlang. Nach einigen Zentimetern trifft sie auf einen Vogel, der kopfschüttelnd fragt: »Was willst du denn da oben?«
Sagt die wackere Schnecke: »Orangen pflücken!«
Lacht der Vogel und meint: »Aber doch nicht im Winter, du Dussel!«
»Wenn ich oben bin, ist Sommer, du Schlauberger!«

☺

»Aber Lukas, das ist nicht unser Baby!«
»Psst, das ist der bessere Kinderwagen!«

☺

Zwei Blondinen kugeln sich vor Lachen. Chantalle hat eben die Scherzfrage gestellt, wie der leichteste Chinese heißt: »Ping-pong.«
»Aber wie heißt der schwerste?«, fragt Chantalle weiter.
Jennifer grübelt und grübelt und kommt nicht drauf.
»Mensch, Jennifer«, ruft Chantalle, »Be-tong natürlich!«

☺

Der Gatte zu seiner Frau:»Petra, ich hab so ein Flimmern vor den Augen.«
Darauf die Gattin:»Ach, schau doch einfach nicht so genau hin!«

☺

Sitzen zwei Skelette auf der Friedhofsmauer, sagt das eine zum anderen: »Der Wind geht heute aber auch mal wieder durch und durch, Herbert!«

☺

»Herr Dr. Jenner, meine Füße schlafen immer ein! Ich brauche Ihren Rat. Was soll ich denn bloß machen?«
»Also, dem Geruch nach sind sie schon lange tot!«

☺

Eine Dogge kommt schwer beladen mit Einkaufstaschen daher. »Mein Gott, was schleppst du denn da alles?«, will ein befreundeter Hund wissen.
Knurrt die Hundedame: »Es begann alles damit, dass ich ab und zu die Zeitung holte.«

Ein junger Mann und ein alter Jude fahren gemeinsam eine lange Strecke mit der Bahn. Der junge Mann fragt nach dem Einsteigen den alten Juden nach der Uhrzeit, erhält aber keine Antwort. Am nächsten Morgen kurz vor der Ankunft sagt der alte Jude: »Es ist jetzt 8.30 Uhr.«
Der junge Mann fragt verwundert, warum er die Antwort erst jetzt erhält.
»Sehen Sie, junger Mann, ich habe bei mir gedacht, wenn ich Ihnen die Uhrzeit gleich sage, werden wir ins Gespräch kommen, Sie werden mir sagen, dass Sie in meine Stadt fahren, dass Sie zum ersten Mal dort sind. Und ich werde Sie, da ich ein freundlicher Mensch bin, zu mir einladen. Dann werde ich Sie mit meiner Tochter bekannt machen, Sie werden sich in sie verlieben und sie eines Tages heiraten. Da habe ich mir gesagt, was soll ich mit einem Schwiegersohn, der nicht einmal eine Uhr hat.«

Bei welcher Krankheit ist das Ansteckungsrisiko für Beamte gleich null?
Bei der Managerkrankheit.

☺

»Liebling, früher hast du mir immer das Kinn gestreichelt und mich viel öfter geküsst!«
»Ja, Schatz, das stimmt, aber ich weiß heutzutage nicht, bei welchem Kinn ich anfangen soll!«

☺

Unterhalten sich zwei Kerzen, sagt die eine: »Is Wasser eigentlich gefährlich?«
Sagt die andere: »Da kann man von ausgehen!«

☺

Ein Arzt beschwert sich in seiner Autowerkstatt: »Sie verlangen für das bisschen Reparatur meines Wagens ja mehr, als ich für meine Behandlung eines Patienten bekomme!«
»Das ist gut möglich, Herr Doktor«, murmelt der Meister. »Aber wir haben es ja laufend mit neuen Typen zu tun, während Sie schon seit Adams Zeiten immer an dem gleichen Modell arbeiten!«

☺

Was heißt Blondine auf Chinesisch?
Dumm-Ding.

☺

Beim Managerseminar treffen sich an die dreißig internationale Teilnehmer zu einem Test der Allgemeinbildung.

»Es geht ganz einfach«, erklärt der Seminarleiter, »ich nenne ein Zitat, Sie sagen mir, wer es wo und wann gesagt hat. Fangen wir gleich an: »›Vom Eise befreit sind Strom und Bäche‹.«

Im Saal herrscht Schweigen, bis sich ein kleiner Japaner meldet: »Johann Wolfgang von Goethe, Faust, Osterspaziergang, 1806.«

Die Teilnehmer murmeln anerkennend, der Seminarleiter nennt das nächste Zitat: »›Der Mond ist aufgegangen, die goldnen Sternlein prangen‹.«

Wie aus der Pistole geschossen kommt vom Japaner: »Matthias Claudius, Abendlied, 1782.«

Die anderen Teilnehmer sehen betreten zu Boden, als der Seminarleiter wieder loslegt: »›Festgemauert in der Erden …‹«

»Schiller«, strahlt der Japaner, »Lied von der Glocke, 1799.«

Die anderen Männer sehen sich errötend an. In der ersten Reihe murmelt einer der Teilnehmer: »Scheiß-Japaner!«

Wieder ertönt die Stimme von ganz hinten: »Max Grundig, CeBit, 2004!«

Trifft der Arzt den Patienten auf dem Kranken-
hausflur: »Ich habe eine gute und eine schlechte
Nachricht. Welche wollen Sie zuerst hören?«
Patient: »Die gute.«
Der Herr Doktor: »Sie haben noch 24 Stunden zu
leben!«
Darauf der Patient: »O mein Gott, und die
schlechte?«
Der Arzt: »Na, ich such Sie schon den ganzen
Tag!«

☺

Horst kommt von der Schule nach Hause.
»Gibt's was Neues?«, fragt die Mutter interessiert.
»In Latein eine Fünf, in Physik eine Sechs«, berich-
tet der Junge.
»Ich habe dich gefragt, ob es was Neues gibt!«

☺

Warum heißt es: »Kein Alkohol am Steuer?«
Na, eine kleine Unebenheit auf der Straße reicht
doch bereits aus, um alles zu verschütten.

☺

Fragt der Personalchef beim Bewerbungs-
gespräch: »Herr Kugler, sind Sie verheiratet?«
Antwortet dieser: »Das zwar nicht, aber ich führe dennoch alle Befehle umgehend aus!«

☺

»Ich hab's an der Galle, Irmela.«
»Oh, das ist bitter ...«, murmelt diese.

☺

»Mama, in der Zeitung steht, das Theater sucht
Statisten. Was sind denn Statisten?«
»Statisten sind Leute, die nur rumstehen und
nichts zu sagen haben.«
»Ach, wär das nix für Papa?«

☺

Setzt sich ein Junge mit seinem Dackel im Bus
neben eine vornehme Dame. Meint die Dame
nach einer Weile angeekelt: »Nun nimm schon
endlich deinen Hund zu dir, ich spüre die Flöhe
schon auf mir herumtanzen!«
Darauf der Junge zu seinem Hund: »Komm weg
da, Lumpi! Die Frau hat Flöhe!«

☺

Ein gläubiger Jude, der das Alter von 105 Jahren erreicht hatte, kam plötzlich nicht mehr in die Synagoge. Aus Angst, dem alten Mann wäre etwas zugestoßen, ging der Rabbiner gleich zu ihm in die Wohnung. Er fand ihn bei bester Gesundheit, also fragte der Rabbi ihn: »Warum kommst du nach so vielen Jahren plötzlich nicht mehr in die Synagoge?«

Der alte Mann sah sich vorsichtig um und flüsterte dann dem Rabbi ins Ohr: »Wisst ihr, als ich 90 wurde, erwartete ich, dass Gott mich demnächst zu sich holen würde. Aber dann wurde ich 95, dann 100, jetzt sogar 105. Also dachte ich mir, dass Gott sehr beschäftigt sei und mich vergessen haben muss. Jetzt will ich ihn nicht wieder daran erinnern.«

»Womit habe ich das nur verdient«, lamentiert der Beamte, als er das Kuvert mit seiner Gehaltsabrechnung öffnet.

Kürzester Witz eines Golfers?
Ich kann's!

Polizist Krause kommt früh von der Nachtschicht nach Hause. Seine Frau liegt im Bett und scheint zu schlafen. Krause zieht sich im Dunkeln aus.

»Schatz«, sagt da seine Frau, »ich habe fürchterlichen Durst, hol mir bitte eine Cola von der Nachttankstelle, ja?«

Krause zieht sich die Uniform wieder an und geht los.

An der Tankstelle angekommen fragt ihn der Tankwart: »Herr Krause, sind Sie nicht mehr bei der Polizei?«

»Wieso?«

»Weil Sie 'ne Feuerwehruniform anhaben!«

Die Verkäuferin zum Chef einer Modeboutique: »Die Dame hier lässt fragen, ob der Pullover einläuft.«

Der Chef: »Passt der Pullover?«

»Eigentlich ist er etwas zu groß.«

»Dann läuft er ein.«

»Na, wie hätten Sie es denn gerne?«, fragt der Friseur den Kunden.

»Gerne umsonst!«

☺

Ein Mann sucht am Telefon fachkundigen Rat.
»Ist da die Beratungsstelle für Alkoholiker?«
»Ja, hier ist die Alkoholikerberatung, haben Sie
Sorgen?«
»Ja, ich wüsste gerne, welcher Wein zu über-
backenen Miesmuscheln passt!«

☺

Im Deutschunterreicht gibt's Ärger: »Hör mal,
Charlotte! Mädchen haben normalerweise eine
schöne Handschrift, aber deine ist wirklich un-
leserlich. Ab heute strengst du dich besser an und
schreibst deutlich, verstanden?«
Da murmelt Charlotte vor sich hin:»Ja, und ich hab
dann den ganzen Ärger mit den Rechtschreib-
fehlern!«

☺

»Stell dir vor«, sagt der Vater zu seinem Sohn
Jan, »du hast heute Nacht ein Schwesterchen
bekommen.«
»Super«, freut sich der Junge. »Weiß es Mama
schon?«

☺

»Wenn Sie Schmerzen in der linken Seite haben, müssen Sie kalte Waschungen vornehmen«, sagt der Arzt.

»Ja, Herr Doktor, aber neulich haben Sie doch zu mir gesagt, ich solle mich vor allem Kalten hüten.«

»Neulich, neulich ... die Wissenschaft macht große Fortschritte.«

☺

Auf dem Arbeitsamt wird Maier nach seinem Beruf gefragt.

»Als was arbeiten Sie?«

»Tontechniker.«

»Aha, Töpfer also!«

☺

Lieschen und ihre Mama sitzen an der Südsee am Meer.

Das Kind: »Mami, darf ich ins Wasser?«

»Nein«, sagt die Mutter, »hier gibt es zu viele Haie!«

Darauf die Kleine: »Aber Papa ist doch auch drin!«

»Ja, Kind, der hat auch eine hohe Lebensversicherung!«

☺

Fragt die in die Jahre gekommene Ehefrau den Herrn Doktor: »Sagen Sie mal, ist Sex schädlich für mein Herz?«
»Nein«, antwortet der Mediziner, »nur, wenn Sie mitmachen!«

☺

Wie viele Psychiater werden gebraucht, um eine Glühbirne einzuschrauben?
Einer. Aber nur, wenn sich die Birne ihm nicht verschließt.

☺

Ein Mann geht zur Beichte und sagt zum Priester: »Vater, ich bin jetzt fast 85 Jahre alt, verheiratet, habe fünf Kinder und 15 Enkelkinder, und letzte Nacht hatte ich eine Affäre mit zwei 18-jährigen Mädchen. Ich hatte Sex mit beiden … je zweimal!«
Darauf der Priester: »Also, mein Sohn, wann warst du das letzte Mal bei der Beichte?«
»Noch nie, Vater, ich bin Jude.«
»Also warum erzählst du mir das dann?«
»Ich erzähle es jedem!«

☺

Dienststellenleiter Kai Limpert quälen seit Wochen stechende Kopfschmerzen. Schließlich hält er es nicht mehr aus und sucht einen Arzt auf. Den Kollegen berichtet er am nächsten Tag: »Von oben bis unten haben die mich untersucht und sogar meinen Kopf geröntgt. Gefunden haben sie da aber nichts.«
Kais Mitarbeiter: »Na, Chef, haben Sie etwas anderes erwartet?«

»Herzlichen Glückwunsch«, gratuliert der Chef seinem Angestellten. »Ich habe gehört, Sie haben gestern einen Erben bekommen.«
»Vielen Dank, Herr Direktor, aber bei meinem Gehalt bekommt man keine Erben, nur Kinder!«

Muhammad will sich taufen lassen und fragt einen christlichen Bekannten, welche Kleidung wohl bei der Zeremonie angemessen sei. »Es ist nicht leicht, dir einen Rat zu geben«, meint dieser. »In 99 Prozent aller Fälle tragen die Unsrigen bei der Taufe Windeln.«

☺

Ein Patient mit rasselndem Husten kommt zum Arzt. Dieser verschreibt ihm nach eingehender Untersuchung ein Rezept und schickt den Armen damit zur Apotheke. Versehentlich gibt man ihm dort nicht das gewünschte Hustenmedikament, sondern ein Abführmittel. Drei Tage später kommt der Mann erneut zum Arzt.

»Wie ich höre, geht es Ihnen wieder besser?«

»Wie man's nimmt: Ich trau mich nicht mehr zu husten!«

☺

Der Pfarrer predigt über den Alkoholismus: »Und immer, wenn ich einen Betrunkenen aus dem Wirtshaus schwanken sehe, möchte ich ihm zurufen: ›Mein Freund, du bist auf dem falschen Weg, kehre um‹!«

☺

Was machen fünf Blondinen nackt auf der Heizung?

Der Klempner sagte, dass die Heizung leckt.

Der kleine Kai-Uwe bemüht sich verzweifelt, den Klingelknopf zu erreichen. Ein Passant kommt dem kleinen Bub zu Hilfe und hebt ihn ein Stück hoch. Kai-Uwe klingelt erst bei Feldmann, dann bei Maier und Krumm. Dann sagt er zu dem hilfsbereiten Passanten: »Klasse Sache, jetzt aber nichts wie weg hier!«

»Sag mal, Papa. Wo komme ich eigentlich her?«
Der Vater, auf diese Frage offensichtlich nicht vorbereitet, hält einen lange Vortrag über Bienen, Nektar und Blüten und fragt schließlich erschöpft: »Und warum wolltest du das denn nun wissen?«
Der Sohn blickt ihn verständnislos an und sagt: »Wir haben einen Neuen in der Klasse. Peter, und der kommt aus München.«

»Was halten Sie von der Sexualkunde, die Sie in den letzten Jahren Ihres Schulunterrichts genossen haben?«, wird Bianca von ihren Lehrern bei der Abiturfeier gefragt.
»Prinzipiell viel, nur sollten die Schüler in diesem Fach einfach keine Hausaufgaben bekommen!«

☺

Kopfschüttelnd betrachtet Ilse den Eiffelturm und sagt: »Nun komme ich schon zum fünften Mal hierher und noch immer sind die Typen nicht auf Öl gestoßen!«

☺

Eine Blondine liegt mit Freddi im Bett. Fragt er: »Sag mal, war ich eigentlich der Erste, mit dem du geschlafen hast?«
Sagt sie: »Hm, schon möglich, dein Gesicht kommt mir irgendwie bekannt vor.«

☺

Der alte Abraham Mandelbaum kommt zum Rabbi und fragt: »Rabbi, ich bin nu 76 Jahr, und mein Weib, die Sarah, die is 25. Und, wie's der Herr will, ist die Sarah schwanger. Ich tu nachts ka Äugel mehr zu, wegen der Frage: Bin ich der Vater von dem Kind oder nicht?«
Sagt der Rabbi: »Darüber muss ich klären, komm morgen wieder.«
Anderntags sagt der Rabbi: »Abraham, ich hab geklärt. Bist du der Vater, ist's a Wunder!! Bist du nicht der Vater … ist's a Wunder??«

☺

Ein betrunkener Mann murmelt vor sich hin: »Alkohol macht gleichgültig! Aber das ist mir egal.«

☺

Der Personalchef zu Till: »Was haben Sie denn mal gelernt, junger Mann?«
»Nichts!«
»Wunderbar, das vereinfacht die Sache, dann brauchen wir Sie wenigstens nicht umschulen!«

☺

Ein Priester predigt vor der konzentrierten Gemeinde. Das Thema: Die Armut in der Welt und die Speisung der Fünfhundert. Nach dem Gottesdienst erlaubte sich ein Kollege den Hinweis, Fünftausend seien gesättigt worden. Da erwiderte der Gerügte sicher: »Es ist schwer genug, sie an fünfhundert glauben zu lassen.«

☺

Was sagt ein Indianer, wenn er nach Coburg kommt?
»Huk!«

☺

Beamtenweisheit: Wer arbeitet, macht Fehler. Wer wenig arbeitet, macht wenig Fehler. Wer nicht arbeitet, macht keine Fehler. Wer keine Fehler macht, wird befördert.

☺

»Herr Doktor, mein Mann hat jeden Morgen Atemnot. Was können wir tun?«
»Er soll sich seine Krawatte in Zukunft selber binden.«

☺

Maler Fiesel schmeißt, als er mit der Leiter bepackt den Flur entlang zur Haustüre läuft, eine sündhaft teure Vase der reichen Familie Knösel um.
Die in Tränen aufgelöste Hausherrin kreischt: »Was für ein Dilemma! Die Vase stammt aus dem 16. Jahrhundert!«
Fiesel darauf erleichert: »Gott sei Dank! Ich dachte schon, die ist neu!«

☺

Ein Zahnarzt auf dem Golfplatz. Als der Ball langsam auf das Loch zurollt, murmelt er: »Und jetzt bitte ganz weit aufmachen!«

158

☺

Ein alter Jude am Sterbebett: »Leah, mein geliebtes Weib, bist du hier?«
»Ja, ich werde nicht von deiner Seite weichen.«
»Und Isaak, mein einziger Sohn, bist auch du bei mir?«
»Ja, Dade, ich bin auch hier.«
»Und, Hannah, meine Tochter, mein Augenstern, bist auch du hier?«
»Natürlich bin ich hier, Dade.«
Da bäumt sich der Alte auf und brüllt: »Und wer, zum Teifel, ist im Laden?«

Die Oma führt ihre beiden Enkel durch den Zoo. »Und das da drüben sind Störche. Das sind die Tiere, die euch zu euren Eltern gebracht haben.« Da flüstert Marian seinem Bruder zu: »Was meinst du? Sollen wir es ihr sagen oder soll sie doof sterben?«

Warum kann Graf Dracula nur Lieder in B-Tonarten spielen?
Weil er keine Kreuze sehen kann.

☺

Fragt ein Kunde im Buchgeschäft: »Ich hätte gern
Schillers Gesamtwerk!«
Darauf der Buchhändler: »Was für eine Ausgabe?«
Der Kunde: »Da haben Sie eigentlich recht. Auf
Wiedersehn.«

☺

Der Vorgesetzte zu seinem Mitarbeiter: »Sie hätten kein Kriminaler, sondern besser Krimineller
werden sollen, Inspektor Klose.«
»Wie kommen Sie denn nur darauf?«
»Ihre Arbeit hinterlässt keinerlei Spuren!«

☺

Der Chef zu Sabine: »Seit einer geschlagenen
Stunde sehen Sie dieser Fliege zu. Haben Sie noch
nie eine gesehen?«
»Doch«, antwortet die Blondine, »aber im Büro
denkt man einfach ganz anders darüber nach!«

☺

Noch ein Betrunkener: »Ich habe versucht ohne
Sex und Alkohol zu leben, es war die schlimmste
Viertelstunde meines Lebens!«

☺

Die Katzen eines Architekten, eines Chemikers und eines Filmregisseurs sitzen vor ihrem Trockenfutter. Die Architektenkatze baut daraus ein Gebäude mit Haupthaus, Seitenflügeln und Garage. Dann frisst sie alles auf. Die Chemikerkatze zerstößt die Brekkies mit einem Mörser, vermischt sie miteinander, löst sie in diversen Flüssigkeiten auf, erhitzt, filtriert und destilliert sie und frisst sie dann auf. Die Filmregisseurskatze pulverisiert die Brekkies mit einer Rasierklinge, zieht sie sich durch einen zusammengerollten Hunderter in die Nase und brüllt die beiden anderen Katzen genervt an: »Ich kann so nicht arbeiten!«

»Was haben Sie denn gemacht?«, ruft der Arzt entsetzt, als er die vielen Brandwunden im Gesicht der Patientin sieht.
»Ach, wissen Sie,« erwidert die Frau, »mein Mann arbeitet als Feuerschlucker beim Zirkus, und als er mich gestern Abend küsste, bekam er einen entsetzlichen Schluckauf!«

☺

Der Zöllner fragt Harald, der mit Kind und Kegel aus dem Urlaub zurückkommt: »Haben Sie Devisen, mein Herr?«
Lächelt Harald aus dem Auto zurück und sagt: »Nur eine: Ihr sollt Vater und Mutter ehren!«

☺

Thilo rennt noch vor kurz vor Ladenschluss ins Blumengeschäft: »30 dunkelrote, langstielige Rosen, bitte!«
Da staunt der Verkäufer: »Ach du dickes Ei! Was haben Sie denn ausgefressen?«

☺

Die kleine Eva-Marie sitzt am Frühstückstisch und nörgelt: »Mami, mein Ei mag ich nicht essen.«
Darauf die Mutter: »Sei leise und iss, am Essen wird nicht herumgemäkelt.«
Die Kleine beginnt zu weinen: »Mama, muss ich den Schnabel denn wirklich mitessen?«

☺

Treffen sich zwei Finanzbeamte auf dem Flur. Sagt der eine: »Kannst du auch nicht schlafen?«

☺

Tante Leonore kommt zum ersten Mal zum Sonntagskaffee.

Fragt der kleine Gerald: »Du, Tante, so habe ich mir dich nicht vorgestellt.«

»Wie eine alte Schachtel?«, scherzt Tante Leonore.

»Hmm, nein, ganz im Gegenteil …«

☺

Auf der Wache: Ein Ostfriese meldet bei der Polizei den Diebstahl seines Autos und gibt an, er habe den Dieb noch wegfahren sehen.

»Und was haben Sie dann gemacht?«, fragt ihn der Polizist.

»Ich hab mir natürlich sofort das Kennzeichen notiert!«

☺

Moshe Stern hat einen Einbruch verübt. Er steht vor Gericht. »Eines verstehe ich nicht«, sagt der Richter, »in der Wohnung lagen reichlich Wertgegenstände rum. Wieso haben Sie nur wertlosen Mist mitgenommen?«

Der Einbrecher antwortet bitter: »Herr Richter, ich halte es nicht mehr aus! Meine Frau hat mir wirklich schon genug zugesetzt deswegen, und jetzt fangen Sie auch noch damit an!«

☺

Zwei Zollbeamte unter sich: »Werner, bitte kontrollier die Reisenden heute besonders gründlich. Bei der Kälte tät mir ein Gläschen Whiskey gut!«

☺

Tim zu seinem Vater: »Papa, hier ist deine Steuererklärung, wie weit bist du mit meinen Hausaufgaben?«

☺

Eine Brünette und eine Blondine gehen im Park spazieren.
Plötzlich sagt die Brünette: »Oh, schau mal, das tote Vögelchen!!«
Die Blondine schaut nach oben und fragt: »Wo fliegt es denn?«

☺

Was denkt ein Computer?
Gott ist groß, der Mensch ist klein,
ich muss wohl dazwischen sein.

☺

Der Lehrer fragt Karla im Chemieunterricht:
»Was sind die vier Elemente?«
Die Schülerin zählt auf: »Erde, Wasser, Feuer
und Schnaps.«
»Wieso denn Schnaps?«, will der Chemielehrer
wissen.
»Na, immer, wenn mein Vater Schnaps trinkt,
sagt meine Mutter: ›Jetzt ist er wieder voll in seinem Element‹.«

☺

Herr Zeiger ist Uhrmachermeister aus Leidenschaft. Als ihn der Doktor auf der Straße trifft
und fragt: »Sind alle gesund zu Hause?«, antwortet ihm der Uhrmacher: »Alle gesund, danke der
Nachfrage. Und bei Ihnen? Alle Uhren gut eingestellt?«

☺

Bei Heidrun machen sich bereits die ersten Früh-
lingsgefühle bemerkbar. Sie ist frisch verliebt. Zu
ihrer Freundin: »Möchtest du nicht auch vor Liebe
sterben?«
Ihre Freundin zeigt sich unbeeindruckt von dem
Gefasel: »Das darfst du mich nicht fragen. Ich
lebe doch davon!«

☺

»Nun, Frau Pfündle«, meint der Hals-Nasen-Ohrenarzt, »ich muss Ihrem Gatten den Hals mit Silbernitrat einstreichen.«
»Nehmen Sie Goldnitrat, Herr Doktor, Geld spielt bei uns keine Rolle.«

☺

»Papi, sag Mami bitte nicht, dass ich ihr Bonbons zum Geburtstag gekauft habe!«
»Kein Wort, willst du sie denn damit überraschen?«
Darauf sagt Lisa: »Nein, ich habe sie alle aufgegessen!«

☺

Die Nachbarin klopft aufgebracht an die Wohnungstür: »Ihre Katze hat heute Morgen unseren Wellensittich gefressen!«
»Oh, gut, dass Sie das sagen, dann kriegt sie heute nichts mehr.«

☺

Türsteher auf Schwedisch?
Lasse Reinström!

☺

»Du, Anna, ich glaube, meine Mutter hat noch nie im Leben einen Penis gesehen.«

»Das gibt's doch nicht!«

»Das meinst du, aber gestern lag ich mit meinem Freund auf der Couch. Wir waren mitten im Liebesspiel, da machte meine Mutter die Tür auf, blieb stocksteif stehen und fragte: ›Aber Kind – was ist denn bloß in dich gefahren?‹«

Neulich fand man zwei Blondinen erfroren im Autokino.

Was war geschehen?

Sie waren gekommen, um den Film »Im Winter geschlossen« zu sehen.

Der Kannibalenjunge zur Mutter: »Mami, was gibt's heute zum Abendbrot?«

»Kalter Missionar, Schatz!«

Fragt Jürgen seinen Kumpel Ernst: »Führt deine Freundin öfters Selbstgespräche?«

»Ja, aber sie weiß nichts davon. Sie denkt, ich höre zu!«

☺

Was unterscheidet Beamte von Terroristen?
Terroristen haben meist Sympathisanten!

☺

Stehen drei Programmierer auf dem Klo. Der erste geht zum Waschbecken und wäscht sich die Hände, dann nimmt er ein Papiertuch nach dem anderen, um sich die Hände abzutrocknen und meint: »Wir bei Apple werden auf Quantität geschult.« Der nächste Programmierer wäscht sich die Hände, dann nimmt er ein einziges Papiertuch, braucht auch wirklich jeden kleinsten Fleck darauf und meint: »Wir bei Intel werden auf Effizienz geschult.« Der letzte Programmierer geht direkt zur Tür und meint: »Tja, wir bei Microsoft pinkeln uns wenigstens nicht über die Hände!«

Aus einem Polizeiprotokoll: »... dann durchbrach ich mit hohem Tempo die Kurve, geriet über die Fahrbahn hinaus, schrottete einen Gartenzaun, raste durch mehrere Blumenbeete, überschlug mich dreimal und verlor letztlich die Gewalt über meinen Wagen.«

☺

Maik kommt zum Psychiater: »Herr Doktor, ich habe ein Problem. Ich werde das Gefühl nicht los, dass ich in meinem früheren Leben ein Dobermann war!«
Da beruhigt ihn der Psychiater: »Das kriegen wir schon wieder hin. Jetzt legen Sie sich erst einmal auf die Couch, und dann sehen wir weiter.«
»Nein, das geht nun wirklich nicht«, protestiert Maik, »ich darf nicht aufs Sofa!«

Schwäbische Alkoholiker-Weisheit:
Wir sitzen hier am runden Tisch
und saufen, bis er eckig isch.

Gehen eine Katze und eine Maus in die Konditorei.
Sagt die Maus: »Ich hätte gerne ein Stück Apfelkuchen mit Sahne.«
Fragt der Konditor die Katze: »Und du?«
»Ach ich hätte gern nur etwas Sahne auf die Maus!«

☺

»Ihr Mann braucht absolute Ruhe, Frau Neuner«, sagt der Mediziner. »Ich schreibe Ihnen hier ein Beruhigungsmittel auf, und das nehmen Sie bitte morgens, mittags und abends!«

☺

Bei der Stadtführung fährt der Bus auch an der Obersten Finanzbehörde vorbei. Einer der Fahrgäste erkundigt sich, was das denn für ein Gebäude sei.
»Gebäude?«, spöttelt der Fahrer. »Dies ist ein Friedhof. Hier ruhen die meisten Beamten in der Stadt!«

☺

Eine Frau steht völlig fertig vor dem Psychologenteam: »Bitte, Sie müssen meinem Mann unbedingt helfen. Ich weiß mir keinen Rat mehr: Mein Mann hält sich für ein Rennpferd. Mittags verlangt er Kraftfutter, er wiehert und rennt auf der Straße im Galopp!«
»Meine Dame, das klingt nach einer langen und auch teuren Therapie!«
»Aber, Herr, Doktor, Geld spielt wirklich keine Rolle! Mein Mann hat die letzten vier Rennen gewonnen!«

☺

Einem jungen Mädchen geht in der Prärie das Benzin aus. Ein Indianer nimmt sie hinten auf seinem Pferd mit. Alle paar Minuten jubelt der Reiter. Schließlich setzt er das Mädchen an einer Tankstelle ab und entfernt sich mit einem letzten ›Juhu‹.

»Was haben Sie denn mit dem gemacht?«, fragt der Tankwart.

»Nichts«, antwortet das Mädchen. »Ich habe hinter ihm gesessen und mich am Sattelhorn festgehalten.«

»Mein liebes Kind, Indianer reiten ohne Sattel ...«

Frau Diederich sitzt im Wartezimmer. Nach stundenlangem Warten wird sie endlich aufgerufen. Als sie im Sprechzimmer ist, klingelt das Telefon des Arztes mehrmals, so dass die Patientin mit der Schilderung ihrer Beschwerden immer wieder von Neuem beginnen muss. Als das Telefon abermals klingelt und der Doktor einen Patienten telefonisch berät, geht die Frau zur Tür.

»Wo wollen Sie denn hin?«, fragt der Arzt.

»Zur nächsten Telefonzelle, Herr Doktor!«

☺

Horst macht eine Weltreise und kommt in ein abgelegenes afrikanisches Dorf. Dort wird er sofort vom Medizinmann untersucht.

»Großartig«, meint Horst, »das ist wirklich eine ausgezeichnete medizinische Versorgung hier.«

Darauf der Medizinmann: »Was heißt hier medizinische Versorgung? Sie sind hier bei der Lebensmittelkontrolle.«

☺

Wie nennt man ein um Hilfe rufendes schwäbisches Schwein?

Notrufsäule!

☺

Bert ruft bei seinem Systemadministrator an:
»Hallo, ich habe ein Problem mit meiner Netzwerkkarte.«

Berater: »Okay, lesen Sie mir bitte zuerst die Produktnummer vor.«

Bert: »Wo steht die?«

Berater: »Auf dem Etikett mit dem Balkencode.«

Bert: »Ach so da, okay. Großer Balken, kleiner Balken, kleiner Balken, großer Balken ...«

☺

Zwei schottische Lords treffen sich: »Schlechte
Zeiten«, jammert der eine, »mit Müh und Not
konnte ich in diesem Jahr die Steuern für meinen
Familienbesitz aufbringen!«
»Wem sagen Sie das!« erwidert der andere, »ich
musste sogar mein Schlossgespenst an einen Jahr-
markt vermieten!«

☺

Diana kommt wegen eines unangenehmen Juck-
reizes im Gesicht zum Hautarzt.
»Ja, da hilft nur eins«, meint der Arzt, »sich öfter
rasieren!«
»Was, ich mich?«, fragt die junge Dame erstaunt.
»Nein, Ihr Mann sich!«

☺

Irene hält ihrem Ede die leere Haushaltskasse
unter die Nase und meint: »Ich brauche dringend wieder Geld, mein Lieber!«
Darauf Langfinger-Ede: »Is ja gut, kannst du
noch warten, bis die Sonne untergeht?«

☺

Der dicke Kater stirbt und kommt in den Himmel. Dort wird er von Petrus empfangen. Er sagt zu ihm: »Du warst immer brav und wir hatten keine Probleme mit dir, dafür darfst du dir etwas aussuchen.« Der Kater wünscht sich eine rosa Wolke zum Schlafen. Am nächsten Tag kommt eine ganze Schar Mäuse in den Himmel. »Auch ihr seid sehr brav gewesen und dürft euch etwas aussuchen.« Die Mäuse möchten Rollschuhe. Einige Tage später trifft Petrus den Kater. Er fragt, wie es ihm denn gefällt. »Ganz toll«, antwortet der Kater, »den ganzen Tag im Bett verbringen, und immer gibt es Essen auf Rädern.«

Ein Haus brennt lichterloh. Ein Feuerwehrmann ruft von unten hoch zum 4. Stock zu einer Oma, die aus dem Fenster schaut: »Zähne zusammenbeißen und springen.«
Da schreit die Oma zurück: »Einen Moment, meine Zähne liegen im Badezimmer.«

Fragt ein Fahrgast: »Wo ist denn hier Bahnsteig 5?«
Die blonde Bahnbeamtin: »Ich glaube zwischen 4 und 6.«

☺

Der Kannibalenhäuptling ist Ehrengast auf dem Traumschiff. Als man ihm die Speisekarte reicht, schüttelt er nur den Kopf: »Bringen Sie mir bitte die Passagierliste!«

☺

Abendgebet auf der Straße:
Müde bin ich, geh zur Ruh
decke meinen Bierbauch zu!
Herrgott, lass den Kater mein
morgen nicht so schrecklich sein!
Bitte, gib mir wieder Durst,
alles andere ist mir wurst!

☺

Kinselmaier leidet an einer unheilbaren Krankheit. Er macht sein Testament. »Wenn ich einst gestorben bin, soll mein Leichnam verbrannt werden«, diktiert er dem Notar. »Und die Asche?«, fragt Jurist.
Kinselmaier grimmig: »Die schicken Sie ans Finanzamt mit folgendem Begleitschreiben: ›Nun habt ihr alles!‹«

☺

Wie nennt man Leute, die ständig mit Schlagzeugern herumhängen?
Taub.

☺

Familie Schnemper will heuer den Sommer in Italien verbringen. Großmutter Martha informiert sie über die neuesten Zeitungsberichte: »Habt ihr schon gelesen? Der Edna ist schon wieder ausgebrochen.«
Darauf die kleine Evi: »Ach, Omi, nur keine Sorge. Bis wir ankommen, haben sie den bestimmt schon wieder eingefangen!«

☺

Sagt ein Schotte zum anderen: »Wenn heute wieder dieser unverschämte Gerichtsvollzieher kommt, wirst du ihm hoffentlich die Zähne zeigen!«
»Lieber nicht, sonst nimmt er die auch noch mit.«

☺

»James«, sagt Frau Neureich zu ihrem Diener, »unsere Katze langweilt sich. Gehen Sie mit ihr in einen Mickey-Maus-Film!«

Sagt der Arzt zu Frau Rösler: »So, und jetzt werden wir mal eine Röntgenaufnahme von Ihnen machen!«

»Oh, fein!«, haucht die junge Frau, »wenn sie hübsch wird, hätte ich gerne fünf Abzüge davon!«

In der überfüllten Straßenbahn bietet Quirin einer Dame seinen Sitzplatz an. Die Dame bedankt sich gerührt. Sagt Quirin: »Nichts zu danken, es ist die Pflicht jedes höflichen jungen Mannes, einer Dame seinen Platz anzubieten. Die meisten Männer stehen zwar nur bei hübschen Frauen auf, aber ich mache da keinen Unterschied!«

Luise: »Schatz, liebst du mich denn auch?«
Herbert: »Ja, natürlich, dich auch!«

☺

Und dann war da noch der Kannibale, der eine Urne mit zum Picknick brachte.
»Was ist das denn?«
»Noch nie was von Konserven gehört?«

☺

»Keine Bange, Fräulein Hinteregger«, beruhigt ihr Hausarzt nach der Untersuchung, »erst einmal werden wir den Krankheitserreger abtöten.«
»Das geht auf keinen Fall, Herr Doktor! Wir wollen doch nächste Woche heiraten!«

☺

Treffen sich zwei Saxophonisten.
Sagt der eine: »Du, ich hab mir letztens einen Duden gekauft.«
Fragt der andere: »Und, wie klingt er?«

☺

Bert und Martin sind in einer Galerie. Dort stehen sie vor einem Gemälde, auf dem sich gerade eine Frau an- oder auszieht. Da fragt Bert: »Hör mal, Martin, was meinste, zieht sich die Frau gerade an oder aus?«
Sie überlegen und überlegen.
Da sagt Martin nach einem Geistesblitz: »Ist doch klar, die zieht sich gerade an.«
»Warum bist du dir da so sicher?«
»Na, da steht doch: Nach einem Stich von Rembrandt.«

☺

Der Chef erzählt einen Witz und alle Angestellten biegen sich vor Lachen, nur eine Sekretärin nicht. »Sagen Sie mal, haben Sie überhaupt keinen Sinn für Humor?«, fragt deshalb ein Kollege neben ihr.

»Doch schon, aber ich habe bereits gekündigt!«

☺

Der Firmenchef zu seinen Angestellten: »Nehmt euch ein Vorbild an der Konkurrenz. Da feiern die Leute nicht dauernd krank. Wenn dort mal einer Schüttelfrost bekommt, geht er gleich zum Etikettieren!«

☺

Unternehmerweisheit: »Ein Geschäft ist erst dann ein Geschäft, wenn man dem Finanzamt nachweisen kann, dass es keines war!«

☺

»Nun, Pete, wo warst du im Urlaub?«
»Vier Sekunden am Bungeeseil und drei Wochen im Krankenhaus.«

☺

Der Arzt erklärt dem Ehemann: »Ihre Frau leidet an einer Stoffwechselkrankheit.«
»Aha«, sagt der Mann, »jetzt begreife ich, warum sie alle vier Wochen einen neuen Mantel haben will!«

Eine sächsische Weisheit:
Eener alleene
is nich scheene,
eene alleene
is och nich scheene,
aber eener und eene,
und dann elleene,
das is scheene!

Leopold Erpel kommt ins Finanzamt und möchte einen Gesprächstermin beim obersten Finanzinspektor. Nach längerem Warten wird er eingelassen. »Herr Oberinspektor«, sagt er, »ich würde gerne Urlaub nehmen.«
»Wieso Urlaub? Sie sind doch gar nicht bei uns angestellt!«
Darauf Herr Erpel: »Das nicht, aber ich arbeite doch in erster Linie für Sie!«

Treffen sich zwei alte Studienkameraden.
Erkundigt sich der eine nach dem Befinden seines Bekannten.
Antwortet dieser: »Dddduu, gagagaaanz gugut.«
Sagt der andere: »Mist, du stotterst ja immer noch.«
Sagt der Stotterer: »Jajajajaaa, wwaas wiilwilste mamachen.«
Sagt der andere: »Ich kenne eine Praxis, speziell für Stotterer. Das wär doch was für dich.«
Nach ein paar Wochen treffen sie sich wieder und der Freund fragt den Stotterer: »Wie war's denn, erzähl mal.«
Beginnt der Stotterer: »Es war, als hätt der Himmel, die Erde still geküsst ...«
Sagt der Freund: »Wow, Dieter, klasse, was für ein Erfolg, ganz ohne zu stottern!«
Sagt der Stotterer: »Nnaanannaa, eeehrlich, wa-wawann bbrauchtste dadas schon mamamal!«

Warum war das Klopapier in der DDR so rau?
Damit auch der letzte Arsch noch rot wird.

Zwei Kätzchen gehen in eine Kneipe. Als der Wirt fragt, was sie denn gerne hätten, antwortet das eine Kätzchen: »Ich hätte gern eine Milch.«
Darauf das zweite Kätzchen: »Für mich bitte einen Wodka!«
Der Barkeeper verschwindet, und das eine Kätzchen schaut das andere entrüstet an und sagt: »Sag mal! Wir Kätzchen trinken doch Milch und keinen Wodka!!«
Entgegnet das zweite Kätzchen: »Ach weißt du, ich hab gehört, dass man, wenn man viel Alkohol trinkt, am nächsten Morgen mit einem derben Kater aufwacht …«

☺

»Das Röntgenbild Ihrer Lunge ist negativ ausgefallen«, sagt der Arzt freudig zu seiner Patientin. Die seufzt: »Da kann man nichts machen, Herr Doktor. Ich bin halt nicht besonders fotogen.«

☺

Blondine im Flugzeug: »Bitte sagen Sie dem Piloten, er soll nicht mit Überschallgeschwindigkeit fliegen. Mein Freund und ich wollen uns unterhalten.«

☺

Ein Beamter sitzt im Büro. Da schwirrt eine gute Fee durchs Fenster und sagt ihm, dass er drei Wünsche frei habe. Als Erstes wünscht sich der gute Mann, auf einer schönen Insel mit Strand und Palmen im Sonnenschein zu liegen. Pling – der Wunsch ist schon Wirklichkeit geworden. Als Nächstes wünscht er sich zu schlemmen und schwelgen, was das Herz begehrt. Pling – die besten Speisen und Getränke in Hülle und Fülle umgeben ihn, dargebracht von den Schönheiten der Insel. Schließlich wünscht er sich, nie wieder arbeiten zu müssen, keinen Stress mehr zu haben, nur noch erholsame Ruhe. Pling – schon sitzt er wieder im Büro.

Zwei Uropas treffen sich auf einer Parkbank. Sagt der eine: »Sagen Sie mal, gehen Sie heute auch zum Fußballspiel?«
»Wer spielt denn?«
»Österreich-Ungarn.«
»Ach ja, gegen wen denn?«

Was ist weiß und stört beim Essen?
Eine Lawine.

☺

Zwei Patienten unterhalten sich im Wartezimmer:
»Ach? Professor Hackel wird Sie operieren?«
Der andere klammert sich an seine Krücken:
»Man hört, er sei eine Koryphäe auf dem Gebiet!«
»Ja, toi, toi, toi! Man nennt ihn gelegentlich auch
den Fleischer!«

☺

Ein Tropenforscher wird von Kannibalen gefangen. Doch der Kannibalenhäuptling beruhigt ihn: »Wir sind ein zivilisierter Stamm, der seit Jahren Entwicklungshilfe bekommt. Sie kommen nicht in den Kochtopf.« Der Forscher atmet erleichtert auf. Der Häuptling: »Sie kommen selbstverständlich in die Mikrowelle!«

☺

Die Mutter ruft aus dem Fenster: »Hänschen, was machst du da?«
»Ich rutsche in dem alten Reifen den Berg runter!«
»Lass das bitte, mit einem kaputten Gummi hat dein Leben angefangen, ich möchte nicht, dass es damit endet.«

☺

Ein Zebra und ein Löwe betreten in einer Oase ein Restaurant. Der Ober fragt das Zebra: »Was darf es sein?«

»Ich hätte gern Kässpätzle.«

»Sehr wohl.«

Der Ober notiert und wendet sich an den Löwen: »Und was darf ich Ihnen bringen?«

»Nichts.«

»Nichts? Verzeihung, aber wovon wollen Sie denn satt werden?«

»Ich fresse anschließend das Zebra!«

»Ich bin völlig fertig, Herr Doktor. Ich habe die ganze Nacht nicht geschlafen, weil meine Frau so arg gehustet hat.«

»Na, da werde ich gleich mal vorbeischauen.«

»Es eilt nicht mehr, Herr Doktor. Ich muss heute zum Glück auf Geschäftsreise.«

»Herr Doktor, was muss ich machen, um schöne, zarte Hände zu bekommen?«

»Nichts, und das ein Leben lang.«

Im Münchner Zoo ist der gefährliche Gorilla aus-
gebrochen und hat sich auf einem Baum in der
Stadt versteckt. Endlich kommt der Gorillajäger
mit seiner Ausrüstung: einem Golfschläger, einem
Strick, einem Gewehr und einem scharfen Pitbull.
Er bittet einen der Wärter, ihm zu helfen.
Jäger: »Pass auf, ich klettere jetzt auf den Baum
und gebe dem Gorilla mit dem Golfschläger eines
auf den Kopf. Der fällt hoffentlich dadurch vom
Baum, der Pitbull springt ihn sofort an und hält
ihn in Schach. Dann kannst du den Gorilla in
Ruhe mit dem Strick fesseln.«
Wärter: »Und wofür ist dann das Gewehr?«
Jäger: »Wenn der Gorilla mich zuerst vom Baum
schmeißt, erschießt du sofort den Hund!«

☺

Ein knallrotes Schild im Warteraum: »Die Patienten
werden gebeten, keinerlei Viren untereinander
auszutauschen!«

☺

Zwei Maden treffen sich in einem Camembert.
Sagt die eine: »Kann es sein, dass ich dich
gestern in einer Birne gesehen habe?«
»Ja, ich hatte meinen Obsttag ...«

Ein Gast kommt in ein Hotel an den Empfang.
Da springt ihn eine kleine Katze an.
Er fragt den Portier: »Kratzt Ihre Katze?«
»Nein, meine Katze kratzt nicht.«
Der Gast streichelt die Katze, die sofort fauchend die Krallen ausfährt.
»Aber Sie sagten doch, ihre Katze kratzt nicht.«
»Das ist auch nicht meine Katze.«

Smalltalk auf der Buchmesse.
»Haben Sie schon gehört, der berühmte Autor Messlbrüh hat seinen Leserkreis verdoppelt!«
»Verraten Sie mir seine Rezept, ich mach das dann auch so!«
»Er hat geheiratet!«

☺

Frau Hertl fragt die blonde Nachbarin: »Darf ich Sie zum Tee einladen?«
»Nein, ich trinke lieber Kaffee.«
»Schmeckt Ihnen Tee denn nicht?«
»Doch aber der Beutel bleibt immer im Hals stecken.«

☺

»Nun, Frau Brender, haben Sie meinen Rat befolgt, langsam zu zählen? Können Sie jetzt besser einschlafen?«

»In der Tat, Herr Doktor, ich habe langsam bis 60000 gezählt.«

»Und dann sind Sie wohl eingeschlafen?«

»Eigentlich nicht, dann war es Zeit zum Aufstehen!«

☺

»Hast du schon gehört? Der Obsthändler von nebenan ist wegen Betrugs angezeigt worden.«

»Warum?«

»Er hat Stachelbeeren rasiert und als Weintrauben verkauft!«

☺

Zwei Ausländer wollen in einem bayerischen Lokal knobeln: »Wer den kürzeren zieht, zahlt das nächste Bier.«

Schreitet der Kellner ein: »Aber meine Herren, knöpfen Sie doch bitte Ihre Hosen wieder zu, bei uns macht man das mit Streichhölzern!«

☺

»Diese Deutschen sind kein bisschen besser als wir«, rief der Kannibale aus, als er in der BILD-Zeitung las, dass es in Berlin schon wieder einen Menschenauflauf gegeben hatte.

☺

Heribert bekommt die Formularvordrucke für seine Einkommensteuererklärung zugeschickt und schickt den ganzen Papierkram wieder an das Finanzamt mit beiliegendem Brief: »Sehr geehrte Damen und Herren! Anbei sende ich Ihnen Ihre Prospekte zurück. Ich habe nicht die Absicht, einem Verein beizutreten, der derartig komplizierte Aufnahmebedingungen hat.«

☺

Dorothea macht Urlaub in Jesolo. Für zwei Wochen mietet sie von einem schönen Italiener einen Bungalow.
»Hier sind zwei Schlüssel für das Häuschen«, sagt er und wendet sich zum Gehen.
»Moment!«, sagt sie und reicht ihm augenzwinkernd einen der Schlüssel zurück.
»Hier ist die Miete.«

☺

»Herr Merger«, ruft der Hausarzt, »Sie sollten wie Ihre Frau mittags eine Stunde schlafen!«
Erwidert Merger ganz energisch: »Ich werde mich hüten, Herr Doktor, die einzige ruhige Stunde am Tag auch noch zu verschlafen.«

☺

»Und jetzt wiederholen Sie mehrmals Ihre Telefonnummer«, sagt der Doktor, als er die attraktive blonde Patientin abhört.

☺

Der Chef einer Papierfabrik über seine neue Assistentin: »Die Frau ist wirklich unentbehrlich. Sie hat ein solches Chaos in meinem Büro angerichtet, dass ich ohne sie nicht mehr durchblicke!«

☺

Warum kann eine Blondine nicht so gut skifahren wie ein Bergbauer?
Weil es in der Küche nicht so oft schneit.

☺

Stöhnt die Froschmama in ihrem Teich:
»Hoffentlich regnet es bald wieder! Es nervt mich, dass die Kinder nur noch drinnen spielen.«

☺

Erich Honecker liegt im Krankenhaus. Der Arzt:
»So, da müssen wir leider das Zentralorgan
entnehmen.«
Darauf der Erich: »Das lehne ich ab. Das ist
Einmischung in die Inneren Angelegenheiten.«

☺

Zwei Hauskatzen sitzen vor dem Vogelkäfig und
beobachten den gefiederten Freund.
Sagt die eine: »Das ist doch kein Kanarienvogel,
der ist ja grün.«
Sagt die andere: »Na, der wird noch nicht reif
sein.«

☺

»Ich weiß nicht warum du einen BH trägst, du
hast doch nichts zum Reintun.«
Darauf antwortet Sie: »Du trägst doch auch Unterhosen, oder?«

☺

Warum trinken Beamte morgens ein Schnäpschen?
Damit wenigstens der Magen arbeitet.

☺

Frau Hubertus sitzt im Restaurant: »Fräulein, eine Limonade, bitte!«
Darauf die Kellnerin genervt: »Sie müssen nicht so schreien, ich bin nicht schwerhörig! Mit oder ohne Milchschaum?«

☺

»Wenn du es einmal eilig hast«, sagt eine Kannibalenfrau zur anderen, »solltest du deine Lieben mit einem Boxer verwöhnen. Den brauchst du vor dem Braten nicht zu klopfen …«

☺

»Nicht schon wieder einen FKK-Urlaub! Ich möchte endlich auch mal einen neuen Bikini haben, du Geizhals!«, protestierte die Gattin lautstark.

☺

Der Arzt untersucht den Patienten. Er horcht, drückt, fühlt und fragt plötzlich den Patienten: »Rauchen Sie?«
Darauf der Patient: »Wieso? Qualmt's irgendwo raus?«

»So, Sie sind also der berühmte Professor Kantl-
huber? Ich hatte Sie mir immer ganz anders vorgestellt!«
»Wie denn, klein, fett und dumm?«
»Nein, groß, schlank und intelligent!«

Fred spielt im Hinterhof Fußball. Es kommt, wie
es kommen musste. Er setzt zu einem »Elfmeter«
an, tritt mit aller Wucht in den Ball und trifft eine
Fensterscheibe. Nun aber nichts wie weg! Der
Hausmeister springt aus seiner Wohnung und
packt den Bub gerade noch am Schlafittchen:
»Na, junger Mann, wer wird denn da weglaufen?
Die zerbrochene Scheibe musst du von deinem
Taschengeld bezahlen!« Da meint Fred: »Eben
wollte ich das Geld zum Zahlen holen!«

Bei der Feier ihres hundertjährigen Geburtstages sagte Frau Binsle zu ihrem Arzt: »Ach,
Herr Doktor, ich habe mich so an Sie gewöhnt.
Wer wird sich um mich kümmern, wenn Sie
mal sterben?«

☺

Hausfrauengespräche in der Waschküche. »Sag mal, Martina, in der Waschmaschine riecht es ja so eigenartig nach Fisch. Und da schwimmen ja lauter Austern in der Trommel!«
»Das ist schon in Ordnung. Seit heute wasche ich nämlich auch mit Mega-Perls statt mit Pulver!«

☺

Hermann geht mit seiner Katze Lilo ins Kino. Die amüsiert sich köstlich über den Film und lacht und lacht. Da dreht sich eine ältere Dame verwundert zu Hermann um: »Sie haben aber eine seltsame Katze.«
»Ich wundere mich auch schon die ganze Zeit«, erwidert Hermann. »Das Buch hat ihr nämlich überhaupt nicht gefallen.«

☺

Eine Französin ist mit einem Kannibalen verheiratet. Sie kommt mit seinen Essgewohnheiten nicht zurecht und schickt ihn deshalb zum Psychiater. Als er wieder zurückkommt, fragt sie ihn: »Und, wie war er?«
»Oh, ganz lecker!«

»Also, Herr Stein, Sie sind ja schon wieder be-
dudelt, hatte ich Ihnen nicht geraten, nur eine
halbe Flasche Wein am Abend zu trinken?«,
schimpft der Arzt.
Darauf der Patient milde grinsend: »Ja, glauben
Sie eigentlich, Sie sind der einzige Arzt, zu dem ich
gehe!«

Herr Zipperl soll operiert werden, weil sein Ge-
mächt bis auf den Boden hängt. Der Chirurg ist
sich nicht schlüssig, ob er das Glied vorne, in der
Mitte oder hinten verkürzen soll. Schließlich
zieht er die Oberschwester zurate. Diese überlegt
und meint dann: »Also, wenn Sie mich fragen, ich
würde ihm die Beine verlängern!«

Eine Blondine zu ihrer Freundin: »Ich habe jetzt
eine Handtasche mit Zahlenschloss. Alle Zif-
fern sind Zweier. Aber ich sage natürlich niemandem, in welcher Reihenfolge sie stehen
müssen.«

Paulchen beim Arzt auf die Frage, ob er viel trinke: »Ja, wissen Sie, Herr Doktor, für den Husten trinke ich Bronchialtee, für die Galle Karlsbader Wasser, für die Nieren Kräuterabsud aus Johanniskraut und Melisse. Und damit mir von all dem nicht schlecht wird, genehmige ich mir des Öfteren ein paar nette Schnäpschen.«

Ein älterer Herr schlendert über die Katzen-Ausstellung. An einem Stand bleibt er stehen und fragt den Besitzer: »Was sind denn das für Katzen?«
»Siamesen«, lautet die Antwort.
Darauf der Herr: »Donnerwetter, sauber getrennt!«

Phil bewirbt sich in einer Gaststätte und legt seine Zeugnisse vor.
Aus denen geht hervor, dass er seine früheren Stellungen wegen Trunksucht, Kleptomanie und abartiger Umtriebe verloren hatte.
»Das eine will ich Ihnen sagen«, meint der Wirt. »Hier wird nicht geklaut und auch nicht gesoffen. So, und nun gib Daddy ein Küsschen, und dann marsch an die Arbeit!«

☺

Was bestellt sich Heidi Klum zum Mittagessen?
Ein Lauf-Steak!

☺

Kommt eine Frau zum Arzt. Fragt dieser: »Na,
was haben Sie denn?«
Darauf die Frau: »Mittagspause!«

☺

»Warum durften Adam und Eva nicht die Früchte
von Baum der Erkenntnis probieren?«, fragt der
Religionslehrer.
»Na, wahrscheinlich waren es keine Bioäpfel, Herr
Lehrer!«, antwortet Uli.

☺

»Zünde bitte den Weihnachtsbaum an, Liebes!«,
sagt Walter zu seiner blonden Frau Trixi.
Nach einer Weile, dringt Trixis Stimme aus dem
Wohnzimmer: »Schatz, auch die Kerzen?«

☺

»Was seufzst du so, Liebling?«
»Am liebsten Whiskey, Schatz!«

☺

Warum können Piraten keine Kreise zeichnen?
Weil sie Pi raten.

☺

Fragt der Psychologe mit ernster Miene: »Und
wann, Herr Saubermann, haben Sie zum ersten
Mal bemerkt, dass es Ihnen Spaß macht, Ihre
Steuern zu bezahlen?«

☺

Die meisten Männer schauen den Frauen auf den
Hintern und denken:»Oah ist das ein Arsch!«
Frauen denken genau dasselbe, nur schauen sie
dabei aufs Gesicht.

☺

»Was heißt da: Sie wollen Ihre erste Brille?«, fragt
der Augenarzt den Patienten. »Sie haben doch
schon eine getragen, wie ich an der Druckstelle
auf Ihrer Nasenwurzel sehe.«
»Die stammt nicht von der Brille, sondern vom
Bierglas.«

☺

Eine Frau kommt in den nahe gelegenen Sexshop und betrachtet die schicken Vibratoren:»Was kostet der weiße da?«

Verkäuferin:»50 Euro.«

»Und der schwarze?«

»Das ist etwas Spezielles: 100 Euro.«

»O.k., den nehme ich.«

Eine Schwarze betritt den Laden und möchte ebenfalls einen Vibrator kaufen.

»Wie viel kostet der schwarze?«

»50 Euro.«

»Und der weiße daneben?«

Verkäuferin:»Das ist etwas Spezielles: 100 Euro.«

Die Frau nimmt ihn, zahlt und geht. Wenig später betritt eine Blondine den Laden, die sich auch für die Vibratoren interessiert: »Wie viel kostet der weiße?«

»50 Euro.«

»Und der schwarze?«

»Das ist etwas Spezielles, der kostet 100 Euro.«

»Und da hinten der durchsichtige mit den zarten Streifen?«

Verkäuferin:»Das ist etwas ganz Besonderes. Der kostet 200 Euro.«

Die Blondine nimmt ihn. Abends kommt der Chef und erkundigt sich nach dem Umsatz.

»Gut«, sagt die Angestellte, »einer Frau habe ich einen schwarzen Vibrator für 100 Euro und einer Farbigen einen weißen für 100 Euro verkauft. Ach ja, und dann war da noch eine Blondine, die hat das Thermometer für 200 Euro mitgenommen.«

☺

Der Luxusdampfer passiert bei einer Fahrt durch die Südsee eine kleine abgelegene Insel. Eine zerlumpte und ausgemergelte Gestalt fuchtelt wild mit den Armen und schreit.
»Was hat der Mann denn?«, fragt die betuchte Frau Mosel den Kapitän.
»Ich weiß auch nicht, seit Jahren freut der sich so, wenn wir vorbeikommen ...«

☺

Was kriegen Kannibalenkinder zum Mittagessen, wenn sie zu spät aus der Schule heimkommen? Die kalte Schulter!

☺

Ein Student auf die Frage nach der Dosierung eines Abführmittels: »Einen Esslöffel voll!«
Der Professor: »Danke! Das genügt für Ihren Durchfall!«

☺

»Herr Ober,« erkundigt sich Herr Tasselmann, »warum heißt dieses Gericht denn Räuberspieß?« »Na, warten Sie ab, bis Sie die Rechnung bekommen, mein Herr!«

☺

Hubert Träumer trägt sich in das Gästebuch eines Hotels ein und bemerkt, dass hinter dem Namen eines Gastes die Abkürzung »MdB« steht.
»Was bedeutet das?«, fragt er den Portier.
»Mitglied des Bundestags, mein Herr.«
Träumer zückt den Stift und kritzelt hinter seinen Namen die Buchstaben »MdO«.
»Und was bedeutet das?«, möchte der Portier wissen.
»Mitglied der Ortskrankenkasse.«

☺

Herr Weidinger warnt seine Kinder: »Seid vorsichtig auf der Dachterrasse, sonst fällt noch einer runter, und hinterher will es wieder keiner gewesen sein!«

☺

»Frau Rohweddel, gut, dass Sie sich einmal gründlich durchchecken lassen«, sagt der Arzt, und zu seiner Sprechstundenhilfe: »Die Instrumente, bitte!«

Frau Rohweddel entrüstet: »Na, Sie haben Nerven! Ich liege hier halb tot, und Sie wollen Hausmusik machen.«

☺

Tim erzählt seinem Freund: »Unsere Katze hat auf der Vogelausstellung den ersten Preis geholt!«
»Wie denn das?«
»Die Käfigtür war offen!«

☺

Auto-Kalle zu seinem Kollegen: »Was du heute kannst besorgen, verschiebe bitte nicht erst morgen.«

☺

»Herr Ober, warum sind Spiegeleier teurer als Rühreier?«
Der Kellner: »Weil man Spiegeleier nachzählen kann, mein Herr!«

☺

Eines Tages im Garten Eden sagte Eva zu Gott: »Gott, ich habe ein Problem!«

»Was ist das Problem, Eva?«

»Gott, ich weiß, dass du mich erschaffen hast, mir diesen wunderschönen Garten und all diese fabelhaften Tiere und diese zum Totlachen komische Schlange zur Seite gestellt hast, aber ich bin einfach nicht glücklich.«

»Warum bist Du nicht glücklich, Eva?«, kam die Antwort von oben. »Gott, ich bin einsam, und ich kann Äpfel einfach nicht mehr sehen.«

»Na gut, Eva, in diesem Fall habe ich die Lösung für dein Problem. Ich werde für dich einen Mann erschaffen und ihn dir zur Seite stellen.«

»Was ist ein Mann, Gott?«

»Dieser Mann wird eine missratene Kreatur sein, mit vielen Fehlern und schlechten Charakterzügen. Er wird lügen, dich betrügen und unglaublich eitel und eingebildet sein. Im Großen und Ganzen wird er dir das Leben schwer machen. Aber er wird größer, stärker und schneller sein und er wird es lieben zu jagen und Dinge zu töten. Er wird dümmlich aussehen, wenn er erregt ist, aber da du dich ja beschwert hast, werde ich ihn derart beschaffen, dass er Deine körperlichen Bedürfnisse befriedigen wird. Er wird witzlos sein und solch kindische Dinge wie Kämpfen und einen Ball herumkicken über alles lieben. Er wird auch nicht viel Verstand haben, so dass er deinen Rat brauchen wird, um vernünftig zu denken.«

»Klingt ja umwerfend«, sagte Eva und zog dabei eine Augenbraue ironisch hoch. »Wo ist der Haken, Gott?«

»Also … Du kannst ihn unter einer Bedingung haben.«

»Welche Bedingung ist das, oh Gott?«

»Wie ich schon sagte, wird er stolz und arrogant sein und sich selbst stets am meisten bewundern. Du wirst ihn daher im Glauben lassen müssen, dass ich ihn zuerst geschaffen hätte. Denk dran, das ist unser beider kleines Geheimnis. Du weißt schon, so von Frau zu Frau …«

Was ist der größte Stauraum einer Blondine?
Der Kopf … hohl bis hinter die Augen!

Sagt der Patient zum Arzt: »Ich kann mich nicht zwischen Operation und sterben entscheiden!«
Sagt der Arzt: »Mit ein bisschen Glück sind Sie die Entscheidung gleich los!«

☺

Woran erkennt man das Motorrad einer Blondine?
An den Stützrädern.

☺

Jammert Herr Hübner im Kochtopf des Kannibalen:
»Lass mich raus! Ich habe eine Frau und sieben Kinder zu ernähren.«
»Ich auch, ich auch.«

☺

Valentin klagt: »Wenn ich meinen Körper nach vorne beuge, den rechten Arm vom Körper wegstrecke und den linken von unten her über den Rücken lege, habe ich schreckliche Schmerzen.«
Der Arzt fragt verwundert: »Warum machen Sie denn solche absonderlichen Verrenkungen?«
»Um den Pulli anzuziehen!«

☺

Arzt: »Ich warne sie, Sie werden nicht alt, wenn sie den Alkohol nicht aufgeben!«
Kalle: »Da haben sie ganz recht, Herr Doktor, ein guter Tropfen hält jung.«

☺

»Ich hab Ihre Tochter schon lange nicht gesehen, Frau Maise, was ist denn aus Ihrer Schokoladensucht geworden?«, fragt der Doktor.
»Goldige Zwillinge, Herr Doktor.«

☺

Fräulein Luise probt ihre erste Rolle auf der Bühne. Laut ihres Regisseurs muss sie in dieser Szene nur einen Koffer packen. Während sich die junge Frau krampfhaft um eine glaubhafte Darstellung bemüht, meint der Regisseur zum Kostümbildner: »Haben Sie jemals schon so eine packende Darstellung gesehen?«

☺

»Noch eine Behandlung, Herr Mahlzahn, dann haben wir es geschafft«, meint der Arzt zu seinem Patienten.
Glücklich meint dieser: »Ach, bin ich dann wieder gesund?«
»Natürlich nicht, aber dann haben Sie meine Yacht komplett finanziert!«

☺

Kannibalen-Fritze läuft mit seinem Sprössling durch die Stadt. Beide haben großen Hunger. Sagt der Junge: »Papa, die Frau da, die fressen wir jetzt!«

Darauf antwortet der Vater: »Nein, mein Sohn, die ist viel zu dick. Das ist schlecht für die Leber.«
Danach kommt eine spindeldürre Frau.

Sagt der Junge: »Aber Papa, die fressen wir jetzt!«

Darauf der Vater: »Nein, Dieter. Die ist so dürr, da beißen wir uns ja die Zähne aus.« Als Drittes kommt eine bildhübsche, schlanke und junge Frau vorbei.

Sagt der Dieter: »Aber Papa, die da, die fressen wir jetzt!«

Darauf der Vater: »Nein, mein Sohn. Die nehmen wir mit nach Hause und fressen besser Mama!«

Ein kleiner Junge fährt sein Brüderchen im Kinderwagen spazieren. Eine Frau fragt ihn, ob er es denn auch verkaufen würde. »Nein«, schüttelt er fragend den Kopf, »vor 12 Monaten hätten Sie es noch kaufen können, aber jetzt haben wir schon zu viel fürs Essen ausgegeben.«

☺

»Herr Doktor, darf ich immer noch keinen Alkohol trinken?«, fragt Herr Kleinlein.

»Nein, natürlich dürfen Sie das nicht!«, meint der Arzt, »das habe ich Ihnen doch schon vor drei Monaten ausdrücklich erklärt!«

»Das schon, aber ich hatte gehofft, dass die Medizin seither Fortschritte gemacht hat!«

☺

»Und dann, lieber Herr Haselmann, sollten Sie irgendeine Sportart betreiben«, rät der Arzt dem Patienten.

»Das tue ich ja, Herr Doktor«, stöhnt Hofer, »ich ringe täglich um meine Existenz!«

☺

Ein bayerischer Pilot fliegt zum ersten Mal den Flughafen Frankfurt an.

Vom Tower aus wird er gefragt: »What's your position?«

Darauf der Pilot: »Ich? Ich sitz ganz vorn links!«

☺

Sagt der Chef zum neuen Mitarbeiter Enno Huber: »Aus Holz sind Sie jedenfalls nicht, Holz arbeitet.«

☺

»Herr Ober, das Kalbsteak ist aber sehr zäh!«
»Mein Herr, ich garantiere Ihnen, das Tier ist noch
vor drei Tagen hinter der Kuh hergelaufen.«
»Aber bestimmt nicht wegen der Milch.«

☺

Zwei Feministinnen beim gemütlichen Brunch.
Bittet die eine: »Kannst du mir bitte die Eier-
becherin reichen?«
Erwidert die andere: »Geht nicht, hab so 'ne
verdammte Muskelkatze.«

☺

Ein Mann sitzt mit seinem Kater vor dem DVD-
Player und schaut sich einen Western im Fern-
sehen an. Nach einer Weile sagt er: »Schau mal,
Murrle, der dusselige Cowboy spricht mit seinem
Pferd!«

☺

Zwei Polizisten sehen den Radrennfahrern zu:
»Junge, Junge, wäre da ein Geld zu machen«, sagt
der eine, »so 'ne Menge Räder ohne Lampe und
Katzenaugen.«

☺

»Sven, warum hast du dir für die Urlaubsreise mit Sylvia ausgerechnet die Strecke durch die Alpen ausgesucht?«

»Ganz einfach: Da gibt es unglaublich viele Tunnels!«

☺

Der Indianerhäuptling »Grüne Nase« erkundigt sich in einem Hotel in New Mexico nach den Zimmerpreisen.

»Wir haben Zimmer zu 40 und 50 Dollar«, erklärt ihm der Empfangschef.

»Was ist der Unterschied zwischen dem zu 40 und dem zu 50 Dollar?«, fragt der Häuptling.

»Im Prinzip keiner«, sagt der Empfangschef. »Die Ausstattung ist dieselbe: Bett, Dusche, Fernseher. Aber in den Zimmern zu 50 Dollar laufen Western, in denen die Indianer siegen!«

»Darf ich mal Ihren Puls fühlen?«

»Na, haben Sie denn keinen eigenen?«

☺

In den bayerischen Bergen. Kehrt ein Wandersmann in einer Gaststätte ein, setzt sich auf die Sonnenterrasse und bestellt. Zehn Minuten später kommt die Bedienung mit zwei Tellern Schweinsbraten zurück. Wundert sich der Wanderer: »Aber ich habe doch nur eine Portion bestellt!« Unmutig macht die Kellnerin auf dem Absatz kehrt und murmelt vor sich hin: »Verflixtes Echo!«

»Können Sie mir Näheres über den Mann sagen, der Sie belästigt hat?«, fragt der Polizist Frau Malmö.
»Er roch entsetzlich nach Alkohol.«
»Das genügt nicht, ich brauche genauere Angaben.«
»Ich glaube, es war Wodka.«

Warum haben die Araber ka Brot: Weil's Kamel ham ...
Warum haben die Brasilianer ka Glück: Weil's Kaffee ham ...
Warum gibt's auf hoher See kan Honig: Weil's Kabinen ham ...

Kommt ein Mann ins Kaufhaus: »Ich hätte gerne
einen Regenschirm.«
»Ersten Stock!«
»Nee, nicht erst'n Stock, sondern erst 'nen
Schirm!«

☺

Der dicke Herr Zanger muss eine Abmagerungskur machen. Nach vier Wochen fragt ihn der Arzt:
»Bemerken Sie schon einen Verlust?«
»Ja«, knurrt Herr Zanger, »meine gute Laune ist
völlig dahin!«

☺

An einer Steigung steht ein Lehrbub mit einem
kleinen Handwagen, auf dem ein großer alter
Tisch liegt. Er schafft es nicht, den Wagen hinauf-
zuschieben. Da kommt ihm ein freundlicher Passant zu Hilfe.
Als sie oben sind, sagt dieser entrüstet: »Also, das
verstehe ich nicht, dass dich dein Chef mit so
einem großen Tisch allein wegschickt!«
Darauf der Bub grinsend: »Er hat gesagt, ich werde schon irgendwo einen Blöden finden, der mir
hilft!«

☺

Der Lehrer erzählt im Biologieunterricht der Realschule: »Der Mensch hat eine Temperatur von 37 Grad, die Vögel eine Temperatur von 39 Grad und die Hausfliege eine Temperatur von 40 Grad … Fritzchen, du hast nicht aufgepasst.«
»Doch, Herr Lehrer.«
»Dann wiederhole bitte, was ich gesagt habe.«
»Also, der Mensch hat eine Temperatur von 37 Grad, beim Vögeln 39 Grad und wenn die Fetzen fliegen 40 Grad.«

☺

»Ein Glück, dass Sie endlich zur Untersuchung kommen, es war höchste Zeit!«
»Weiß ich, Herr Doktor, drei Tage vor dem Ersten wird überall das Geld knapp!«

☺

Zwei Orchestermitglieder beim Bergsteigen. Als sie eine Pause machen, möchte der eine das Echo ausprobieren und singt ein lautes, volles F. Das Echo kommt zurück – Fis, einen Halbton höher! Meint der andere abgeklärt: »Kein Wunder, Paul, auf dem nächsten Gipfel steht ein Kreuz!«

☺

»Ich kann nicht schlafen, Herr Doktor. Die ganze Nacht habe ich kein Auge zugemacht.«
»Na und? Wenn Sie die Augen nicht schließen, dann können Sie auch nicht schlafen.«

☺

Im Wilden Westen kommt ein kleiner Junge atemlos zum Sheriff gerannt.
»Schnell, schnell, kommen Sie Sheriff, mein Vater kriegt Prügel im Wirtshaus.«
Im Laufschritt eilen die beiden zum Saloon, wo zwei Männer wie wild aufeinander einboxen.
»Welcher ist denn dein Vater?«, will der Sheriff wissen.
»Ich weiß es nicht«, sagt der Bub hilflos, »deswegen prügeln sie sich ja!«

☺

»Herr Doktor, kommen Sie schnell, ich habe hohes Fieber!«
»Ist es sehr hoch?«
»Nein, im Hochparterre!«

☺

Ein Patient beim Anblick des Skeletts zum Arzt:
»Oh, wie interessant, Ihr Ersatzteillager?«

☺

Pfarrer Luser arbeitet auf einer Südseeinsel und fällt Kannibalen in die Hände. Kurz darauf steht der große Kessel auf dem Feuer. Der fromme Mann ahnt, dass sein letztes Stündlein geschlagen hat. Er fällt auf die Knie und betet. Auch die Kannibalen knien sofort nieder.
»Ein Wunder, ein Wunder!«, ruft der Missionar, »mein Gebet wurde erhört!«
»Unsinn«, meint der Häuptling, »wir beten immer vor dem Essen.«

☺

Kürzester Witz in der EDV: Kompatibel.

☺

Kommt die schicke Livia in ein Kosmetikgeschäft: »Ich hätte gern einen fettarmen Lippenstift! Mein Freund macht nämlich gerade eine Diät!«

☺

»Du bist doch jetzt Polizeibeamter. Was gefällt dir denn an dem Beruf?«
»Der Kunde hat immer unrecht.«

☺

Eines Tages muss die Xantner-Bäuerin den Stall des wilden Stieres ausmisten. Das Tier scheut, schlägt um sich und trifft mit seinen Hörnern die arme Bauersfrau. Auf der Beerdigung ist ein Tourist, der sich alles ansieht. Dabei fällt ihm auf, dass der Bauer bei den kondolierenden Frauen immer einmal traurig mit dem Kopf gezuckt hat, bei den Männern aber wie wild mit dem Kopf genickt und dabei gelächelt hat. Hinterher fragt er ihn: »Sagt mal, warum habt ihr euch denn bei Frauen und Männern ganz anders verhalten?«

»Na ja«, sagt der. »Die Frauen haben immer gesagt: ›Mein Beileid‹ und die Männer haben geflüstert: ›Hast du deinen Stier noch?‹«

Ein Toter im Saloon.
Fragt der Sheriff einen Augenzeugen: »Erschossen?«
»Ja!«
»Warum?«
»Falschspieler!«
»Karten?«
»Nein, Klavier!«

☺

Der Richter zum Angeklagten: »Zum letzten
Mal, sagen Sie uns endlich den Namen Ihres
Komplizen!«
»Niemals! Glauben Sie, ich würde meinen Bru-
der verpfeifen?«

☺

An der Schreinerei ist ein Zettel mit folgender
Aufschrift befestigt: »Für eine Viertelstunde ge-
schlossen. Bin rasch ein Bier trinken gegangen!
Herr Hölzel.« Darunter hängt ein weiterer Zettel:
»Er wird sofort wieder da sein, bin unterwegs, ihn
zu holen. Frau Hölzel.«

☺

Ein Kannibale schwärmt unter Freunden: »Am liebsten esse ich Politiker: viel Sitzfleisch und kein Rück-
grat!«

☺

Kerstin ist außer sich vor Wut. Zu ihrer Freundin:
»Kannst du bitte ein einziges Mal nicht mit einer
Gegenfrage antworten?«
Darauf die Gescholtene: »Tu ich das denn nicht?«

☺

»Sie haben ja im ganzen Körper Wasser«, sagt der Arzt nach der Untersuchung zum Patienten. »Tun Sie schleunigst was dagegen.«
»Wird gemacht, Herr Doktor. Ab sofort trinke ich meinen Whisky ohne Eis.«

☺

»Hajo, und Sie wollen sich wirklich nach Ihrem Tod der Anatomie zur Verfügung stellen?«, fragt der Professor den Penner bei seiner Einlieferung. Der Alte nickt: »Klar, Herr Professor, ich möchte noch einmal so richtig im Alkohol schwimmen!«

☺

Frau Falz entrüstet: »Herr Doktor, warum sollte ich eigentlich die Zunge herausstrecken? Sie haben doch gar keinen Blick darauf geworfen.«
»Damit ich in Ruhe das Rezept schreiben kann, warum wohl sonst?«

☺

Was ist der Lieblingsfilm eines jeden Mathematikers?
Das schweigende Lemma.

☺

Zwei Männer stehen interessiert vor einer Großbaustelle.

»Sie, Herr Nachbar, was sind denn das da oben für
Skulpturen?«, fragt der eine. »Die da oben im vierten Stock!«

Der andere: »Das sind doch keine Skulpturen, das
sind die Schreiner!«

Der erste: »Schreiner? Das gibt's doch nicht. Ich
stehe doch jetzt schon bald eine Stunde hier, und
die haben sich noch nicht bewegt!«

»Ja«, meint der andere, »Sie müssen bis fünf Uhr
warten, dann bewegen sie sich!«

☺

Fragt ein Blinder einen Lahmen: »Wie geht es
dir?«

Antwortet der Lahme: »Ganz gut, wie du siehst.«

☺

Warum werden Rentner nicht mehr an Prostata
operiert?

Na, die haben doch wirklich genug Zeit zum
Pinkeln!

Der Internist knöpft sich seine Tochter Tanja vor:
»Sag mal, hast du deinem neuen Freund gesagt,
dass ich nicht viel von ihm halte?«
»Ja«, erwidert das Töchterchen, »aber er meint,
dass das sicher nicht deine erste Fehldiagnose
gewesen ist!«

Fragte der Neue in der Schulklasse:»Wann macht
Ihr Pause?« – »Nie! Wir schlafen durch.«

Felix schiebt sein Auto die Straße entlang.
»Kein Benzin mehr? Oder ein Motorschaden?«,
erkundigt sich ein älterer Herr.
»Weder noch«, erklärt Felix keuchend. »Ich habe
nur soeben festgestellt, dass ich den Führerschein
zu Hause vergessen habe.«

Auf dem Polizeirevier klingelt das Telefon: »Ist
dort die Polizei?«
»Jawohl!«
»Dann bleiben Sie bitte, wo Sie sind ... hicks ...
denn sonst bin ich meinen Führerschein los ...
hicks ...«

☺

Die alternative Kältetabelle ...

Plus zehn Grad: Die Bewohner von Mietwohnungen in Hamburg drehen die Heizung auf. In Lappland pflanzt man Blumen.

Plus fünf Grad: Die Lappen nehmen ein Sonnenbad, falls die Sonne noch über den Horizont steigt.

Plus zwei Grad: Italienische Autos springen nicht mehr an.

Null Grad: Destilliertes Wasser gefriert.

Minus ein Grad: Atem wird sichtbar. Es ist an der Zeit, einen Mittelmeerurlaub zu planen. Die Lappen essen Eis und trinken kaltes Bier.

Minus vier Grad: Die Katze will mit ins Bett.

Minus zehn Grad: Es ist an der Zeit, einen Afrikaurlaub zu planen. Die Lappen gehen zum Schwimmen.

Minus zwölf Grad: Es ist zu kalt zum Schneien.

Minus 15 Grad: Amerikanische Autos springen nicht mehr an.

Minus 18 Grad: Die Hausbesitzer in Hamburg drehen die Heizung auf.

Minus zwanzig Grad: Der Atem wird hörbar.

Minus 22 Grad: Französische Autos springen nicht mehr an. Zu kalt zum Schlittschuhlaufen.

Minus 23 Grad: Politiker beginnen, die Obdachlosen zu bemitleiden.

Minus 24 Grad: Deutsche Autos springen nicht mehr an.

Minus 26 Grad: Aus dem Atem kann Baumaterial für Iglus geschnitten werden.

Minus 29 Grad: Die Katze will unter den Schlafanzug.

Minus dreißig Grad: Japanische Autos springen nicht mehr an. Der Lappe flucht, tritt gegen den Reifen und startet seinen Lada.

Minus 31 Grad: Zu kalt zum Küssen, die Lippen frieren zusammen. Lapplands Fußballmannschaft beginnt mit dem Training für die nächste Qualifikationsrunde zur Europameisterschaft.

Minus 35 Grad: Zeit, ein zweiwöchiges heißes Bad zu planen. Die Lappen schaufeln Schnee vom Dach.

Minus 39 Grad: Quecksilber gefriert. Zu kalt zum Denken. Die Lappen schließen den obersten Hemdknopf.

Minus 40 Grad: Das Auto will mit ins Bett. Die Lappen ziehen einen Pullover an.

Minus 45 Grad: Die Lappen schließen das Klofenster.

Minus 50 Grad: Die Seelöwen verlassen Grönland. Die Lappen tauschen die Fingerhandschuhe gegen Fäustlinge.

Minus 70 Grad: Die Eisbären verlassen den Nordpol. An der Universität Rovaniemi wird ein Langlaufausflug organisiert.

Minus 75 Grad: Der Weihnachtsmann verlässt den Polarkreis. Die Lappen klappen die Ohrenklappen der Mütze runter.

Minus 250 Grad: Alkohol gefriert. Der Lappe ist sauer.

Minus 268 Grad: Helium wird flüssig.

Minus 270 Grad: Die Hölle friert.

Minus 273,15 Grad: Absoluter Nullpunkt. Keine Bewegung der Elementarteilchen. Die Lappen räumen ein: »Ja, es ist etwas kühl, gib' mir noch einen Schnaps ...«

Neulich im Radio: »Es ist jetzt genau 13 Uhr. Guten Tag, verehrte Zuhörer, guten Morgen, liebe Studenten.«

Warum hat die Witwe ihren Mann zehn Meter tief begraben lassen?
Tief im Innern war er doch ein guter Mensch.

☺

Welches Tier kann addieren?
Ein Oktoplus.

☺

In der Kurklinik: »Sie sollten sich mehr in Ihren Beruf vertiefen, anstatt sich nur mit sich selbst und ihren Sorgen zu beschäftigen.«
Herr Wölfle: »Das ist aber nicht ganz ungefährlich, Herr Doktor! Ich leite eine Schnapsfabrik.«

☺

»Was für eine Diät würden Sie mir bei einer Seekrankheit empfehlen, Herr Kapitän?«
»Meine Liebe, soviel ich weiß, lieben Fische Brot und Mehlspeisen.«

☺

Vater und Sohn spielen mit der Eisenbahn. Bis spät in die Nacht wird gebastelt, ausprobiert, die Gleise neu verlegt und die Züge unter lautem Getöse in den Bahnhof manövriert. Klopft die Mutter plötzlich an die Türe und meint: »Frau Pietke von nebenan lässt fragen, wann der letzte Zug abfährt!«

☺

Der Meister lässt seinen Azubi für ein paar Stunden alleine in der Schreinerei. Um zu überprüfen, ob er auch alles richtig macht, ruft er den Lehrling von unterwegs mit verstellter Stimme an.
Meister: »Guten Tag, ich wollte fragen, ob Sie auch Astlöcher verkaufen?«
Azubi: »Ja, natürlich. Davon haben wir jede Menge.«
Meister: »Gut, dann möchte ich gerne mal 1000 Stück bestellen.«
Azubi: »Tut mir leid, das geht im Moment leider nicht.«
Meister: »Warum denn?«
Azubi: »Wir exportieren im Moment alles nach Südamerika.«
Meister: »Nach Südamerika? Was machen denn die damit?«
Azubi: »Die machen daraus die Arschlöcher für die Schaukelpferde ...«

☺

Gast: »Herr Ober, ich will dinieren.«
Ober: »Die Nieren sind aus!«

☺

Im Vatikan irrt ein deutscher Tourist umher: »Entschuldigen Sie bitte, können Sie mir sagen, wo die Laokoon-Gruppe ist?«
»Oh nein, das tut mir leid, ich bin mit Mondschein-Tours auf Reisen.«

☺

Ruft ein Chinese bei der Bahn an: »Achtung, da liegt ein Gleis auf dem Damm!«
»Na, das wollen wir doch auch hoffen!«
Ein paar Minuten später erfolgt erneut ein Anruf:
»Jetzt haben Sie den alten Mann totgefahlen.«

☺

Ein Schüler, ein Student und ein Mathematiker bekommen die Aufgabe, 2+2 auszurechnen. Der Schüler nimmt einen Bleistift und schreibt: 2+2 = 4. Der Student nimmt seinen Taschenrechner und erhält nach fünf Minuten das Ergebnis 4. Der Mathematiker rechnet eine ganze Stunde. Dann sagt er: »Erstens: Es existiert eine Lösung. Zweitens: Sie ist eindeutig. Drittens: Die Lösungsmenge ist eine Teilmenge der reellen Zahlen.«

Ein Experiment: Man sperrt jeweils einen Ingenieur, einen Physiker und einen Mathematiker nur mit einem Stück Kreide und einer Dose Ravioli in einen Raum. Nach 2 Wochen schaut man wieder nach, wie es denn den dreien ergangen ist.

Der Ingenieur hat die Dose tausende Male gegen die Wand geworfen, die Wand ist ziemlich lädiert, aber die Dose ist offen, der Ingenieur hat gegessen und hat überlebt.

Beim Physiker ist die halbe Wand mit Formeln und Rechnungen beschmiert, ein Loch in der Wand, die Dose ist offen und er hat überlebt.

Als man beim Mathematiker nachsieht, findet man ihn tot neben der geschlossenen Dose. Die Wände sind über und über voll mit Rechnungen und Beweisen. Als man diese näher betrachtet, findet man in der ersten Zeile: »Annahme: Die Dose ist offen ...«

»Sie sollten wirklich einmal ausspannen«, empfiehlt der Psychiater dem Schürzenjäger. Der tat wie ihm empfohlen und spannte dem Mann die Frau aus.

☺

Nach dem Unfall befragt Dr. Liefermann die grau-
haarige Patientin und stellt eine erste Diagnose:
»Hautabschürfungen, das Becken gebrochen,
blaue Flecken an der rechten Schulter ...« Er wendet sich der Patientin zu: »Wie alt sind Sie?«
»Zweiundvierzig, Herr Doktor.«
»... und Gedächtnisstörungen.«

☺

Lucca und seine Juliane unterhält sich auf einer
Party, was man denn dazu sagen könnte,
wenn man Lust aufeinander hätte. Es müsse ja
nicht jeder mitkriegen. Schließlich einigten sich
beide darauf, ›lachen‹ dazu zu sagen. Das
klappt bei der nächsten Party auch ganz
hervorragend. Einige Wochen später fragt er zu
Hause: »Ich hätte mal wieder Lust, ein bisschen
zu lachen.«
»Nein,« wehrt sie ab, »ich habe Migräne.«
Nach einer halben Stunde fragt sie ihn dann:
»Na, hast du doch noch Lust, ein wenig zu
lachen?«
Darauf er: »Zu spät, ich habe mir schon ins
Fäustchen gelacht!«

☺

»Jetzt sagen Sie mir doch endlich, mit wem ich Sie verbinden soll«, sagt die Telefonistin Jaqueline ungehalten.
»Mit niemandem«, erwidert der Anrufer. »Ich höre mir nur so gern die hübsche Melodie auf Ihrer Warteschleife an!«

☺

Wie kommt Bin Laden vom Berg wieder in die Ebene?
Mit der Tali-Bahn.

☺

Was ist der Unterschied zwischen einem Telefon und einem Politiker?
Das Telefon kann man aufhängen, wenn man sich verwählt hat.

☺

Der Luxusdampfer macht an der Jungferninsel halt.
»Und was nun?«, fragt das Mädchen den Jungen.
»Ist doch klar«, erwidert dieser, »als Erstes ändern wir den Namen dieser blöden Insel!«

☺

»Herr Doktor, meine Nase ist knallrot! Kann ich dagegen etwas tun?«
»Wenn sie von Geburt an rot ist, lässt sich nichts machen. Ist sie aber rot vom Trinken, dann brauchen Sie nur so weiterzutrinken – sie wird dann mit der Zeit lila und am Schluss schwarz.«

☺

»Herr Doktor, was ist eigentlich ein Virus?«, möchte Frau Keppel wissen.
Darauf der Internist: »Das ist die lateinische Abkürzung der Ärzte für: Ich hab keine Ahnung!«

☺

Herr Nullinger kommt von einem arbeitsreichen Tag nach Hause. Beim Abendbrot erzählt er seiner Frau: »Du kennst doch die Sieglinde, meine Sekretärin. Ich sag dir, auf die ist wirklich hundertprozentig Verlass!«
Die Gattin: »Wirklich?«
Der Gatte: »Ja, die macht schon seit 10 Jahren immer die gleichen Fehler!«

☺

Der Meister hält eine lobende Rede: »Lieber Dieter, du hast sehr gut gearbeitet und warst eine große Hilfe für unseren Betrieb. Ab heute sage ich nicht mehr ›du‹ zu dir. Und die Werkstatt brauchst du auch nicht mehr auszufegen. Das machen jetzt Sie!«

Sagt die Lehrerin: »Leonore, steigere bitte mal das Wort ›breit‹«

»... breiter, am breitesten!«

»Gut. Nun Nadja, du das Wort ›hoch‹!«

»... höher, am höchsten!«

»Super. Nun zu dir, Sabine, steigere ›tief‹!«

Sabine errötet heftig und stottert: »Tief, äh tiefer, ah ... ah, ... jaaha so ist's schön!«

Dieter hat seine Lehrzeit seit heute hinter sich. »Du, Diddi, verlangen deine Eltern von dir, dass du vor dem Essen betest?«, erkundigt sich der Pfarrer.

»Nein«, Diddi schüttelt den Kopf, »meine Mutter kocht eigentlich recht gut!«

☺

Was ist der Unterschied zwischen einem schlechtem Politiker und einem BH?
Es gibt keinen. Jeder wundert sich, wie er sich hält, und jeder Mann hofft, dass er fällt!

☺

Was waren die unnützesten Teile der Challenger?
Die Sitze!
Die 30 Sekunden hätte man auch stehen können!

☺

»Wenn ich weiterhin die von Ihnen verordnete Diät befolge, Herr Dr. Braun, werde ich eines Tages ins Gras beißen!«
»Halb so schlimm, Gras hat so gut wie keine Kalorien!«

☺

Die junge Sibylle hat soeben erfahren, dass sie schwanger ist.
»Oh, mein Gott«, schluchzt sie auf, »wäre ich bloß an dem Abend mit meinen Eltern ins Kino gegangen!«
»Und warum hast du das nicht getan?«, will ihre Freundin Karoline wissen.
»Der Film war nicht jugendfrei!«

☺

Luzius sieht seinen besten Freund Dennis rücklings
auf dem Eis liegen.
»Na, wohl auf dem Eis ausgerutscht?«, hänselt er
seinen Freund.
Meint der: »Nein, beim Baden vom Winter überrascht!«

☺

»Jetzt mach aber mal einen Punkt, Birgit, du hältst
mich wohl für einen vollkommenen Deppen«,
kontert Anton seiner großen Schwester.
»Also, eines wollen wir doch einmal klarstellen«,
antwortet Birgit, »vollkommen ist niemand!«

☺

Herr Stanke zeigt im Büro seine Fotos aus dem
Urlaub in Afrika. Auf einem der Fotos kann man
ihn auf einem Araber reiten sehen. Der Kollege
fängt laut an zu lachen, als er dieses Foto sieht.
»Was gibt es denn da zu lachen?«, fragt Herr
Stanke erbost. Darauf der Kollege: »Also ich
habe ja schon öfters mal Araber auf Kamelen
gesehen ... aber noch nie ein Kamel auf einem
Araber!«

☺

Zwei gute Freundinnen beim Klatsch.
Fragt die eine:»Du, mal 'ne Frage, rauchst du auch
immer nach dem Sex?«
Sagt die andere:»Ganz ehrlich, da hab ich noch
nie drauf geachtet!«

☺

»Herr Ober, das Schnitzel riecht nach Schnaps!«
Da tritt der Kellner ein paar Schritte zurück und
fragt: »Immer noch?«

☺

Kommt ein Mathematik-Student in ein Foto-
geschäft: »Guten Tag! Ich möchte diesen Film
entwickeln lassen.«
Verkäuferin: »Neun mal dreizehn?«
»117. Wieso?«
Kommt ein Mathematik-Professor in ein Foto-
geschäft. »Guten Tag! Ich möchte diesen Film
entwickeln lassen.«
Verkäuferin: »Zehn mal fünfzehn?«
»Ja, das ist lösbar. Wieso?«

☺

An einem schönen Sommerabend fuhr ein reicher Börsenmakler in seiner schicken Limousine durch die Gegend, als er am Wegesrand zwei junge Männer entdeckte, die Gras aßen. Verwirrt befahl er seinem Fahrer, den Wagen anzuhalten und stieg aus, um die Situation unter die Lupe zu nehmen. Er fragte den einen Mann: »Warum essen Sie Gras?«

»Wir haben kein Geld, um etwas zu Essen zu kaufen« antwortet der Mann. »Wir müssen Gras essen.«

Der Makler antwortete: »Wenn das so ist, dann könnt ihr mit zu meinem Wochenendhäuschen kommen, und ich werde euch was zu essen geben.«

»Aber mein Herr, ich habe eine Frau und zwei Kinder. Sie sind dort drüben unter dem Baum.«

»Dann bring sie mit«, antwortete der Börsenfutzi.

Der zweite Mann sagte: »Ich habe auch eine Frau und sechs Kinder.«

»Dann bringt sie alle mit«, sagte der Reiche.

Sie quetschten sich alle in die riesige Limousine. Als sie unterwegs waren, wandte sich einer der armen Typen an den Börsenmakler und sagte: »Mein Herr, Sie sind sehr freundlich. Vielen Dank, dass Sie uns alle mitnehmen.«

Ehrlich gerührt sagte der Millionär: »Es ist mir eine Freude. Ihnen wird es bei mir gefallen, das Haus liegt inmitten traumhafter Wiesen und Wälder, das Gras steht fast dreißig Zentimeter hoch!

☺

»Wo liegt denn der Patient, den die Dampfwalze überfahren hat?«
»Auf Zimmer 219 bis 243!«

☺

Ein Australier kommt ins Schlafzimmer, ein Schaf unter seinem Arm, und sagt: »Liebling, das ist die Sau, mit der ich immer Sex habe, wenn du wieder mal nicht willst.«
Darauf seine Frau: »Vielleicht hast du es noch nicht gemerkt, aber das ist ein Schaf unter deinem Arm, du Idiot!«
Er: »Wer spricht denn mit dir?«

Lehrerin:»Was malst du denn da, Anja?«
»Eine Ratte!«
»Und wo ist denn der Schwanz?«
»Noch im Bleistift!«

Frage: Wo stellt sich jemand im Zimmer hin,
wenn es kalt ist?
Antwort: In eine Ecke. Da sind 90 Grad.

☺

**Was haben Franz-Josef Strauß und die Spermien-
banken gemeinsam?**
Bei beiden sind die Spender meist unbekannt.

☺

»Sie dürfen nicht rauchen, nicht trinken und keine
Damen bei sich haben«, sagt der Oberst zu seinem
Rekruten.
»Ja, Oberst, aber was bleibt denn dann für einen
gestandenen Mann eigentlich noch übrig?«
»Das Rasieren, mein Freund, das Rasieren!«

☺

Der nörgelige Herr Schnösl ruft den Kellner an
seinen Tisch und beschwert sich: »Herr Ober, in
meinen Austernspagetti habe ich keine einzige
Perle gefunden!«
»Wenn Sie so etwas stört, dann sollten Sie lieber
keinen Nachtisch bestellen!«
»Wieso das?«
»Da gibt's Götterspeise …«

☺

Brüllt der Chef durch das Vorzimmer: »Fräulein Kassandra, wo ist der verflixte Buchhalter?«
»Der sagte vorhin was von Rennbahn oder so ähnlich!«
»Was, während der Arbeitszeit?«
»Ist scheinbar die letzte Möglichkeit, die Zahlen wieder in Ordnung zu bringen, Chef!«

☺

»Der liebe Gott ist immer bei dir«, tröstet der Chefarzt die kleine Petra, die sich nach der Blinddarmoperation schrecklich alleine fühlt.
»Aber Herr Doktor, der liebe Gott und ich langweilen uns trotzdem furchtbar!«

☺

Ein älterer Herr springt bei seiner Rückkehr von einer Flugreise postwendend zum Schalter. »Ich hätte eine Bitte: Sagen Sie doch dem Herrn Piloten, er soll das ›Bitte anschnallen‹-Symbol‹ nicht mehr anschalten. Jedes Mal schaukelt dann der Flieger so entsetzlich!«

☺

Zwei schwule Radfahrer werden von einem Taxifahrer angefahren. Sagt der eine Schwule zum anderen: »Dieta, geh und hol die Polizai!«
Sagt der Taxifahrer: »Ich gebe Euch 100 Euro, wenn ihr nicht zur Polizei geht!«
Da wiederholt der Schwule, ohne den Taxifahrer zu beachten: »Dieta, geh und hol die Polizai!«
Sagt der Taxifahrer: »Ich gebe Euch 1000 Euro, wenn ihr nicht zur Polizei geht!«
Der Schwule beachtet den Taxifahrer immer noch nicht und sagt: »Dieta, geh und hol die Polizai!«
Dem Taxifahrer wird es zu blöd und er sagt: »Ach, leckt mich doch am Arsch!!«
Darauf der Schwule: »Dieta, bleib hier, lass uns mit ihm reden!«

Wie nennt man eine Gurke mit Kopftuch?
Gürkin!

Im mündlichen Teil der Prüfung zur Krankenschwester: »Welches ist die vorschriftsmäßige Kleidung bei der Pflege kranker Menschen?«
Darauf die befragte junge Dame: »Kurzes Hemdchen, hinten offen, Herr Doktor!«

☺

Eine Frau, die Geld wie Heu haben möchte, muss vor allem dafür sorgen, dass ihr Mann wie ein Pferd arbeitet!

☺

Das »Traumschiff« ist untergegangen. Ein Passagier kann sich auf das Piano retten. Kommt ein anderer angeschwommen und fragt höflich: »Darf ich Sie begleiten?«

☺

Der Lehrer fragt: »Wenn dir deine Mutter zwei Scheiben Brot in die Schule mitgibt und du isst eines davon, was hast du dann noch?«
»Dann habe ich immer noch Hunger!«

☺

Westerwelle und Merkel tanzen auf einer Dinner-Party.
Merkel flüstert Guido ins Ohr: »Es gibt viele Arten, Geld zu verdienen, aber nur eine ehrliche!«
Darauf Guido: »Und die wäre?«
Merkel: »Wusst ich's doch, dass du die nicht kennst!«

☺

Herr Paulsen kommt in die Sprechstunde und klagt: »Herr Doktor, ich leide an Magendrücken!« »Dann erzählen Sie mir doch einmal, was Sie so alles zu sich nehmen.«
Nach intensiver Untersuchung rät der besorgte Arzt seinem Patienten: »Das Klügste, was ich Ihnen mit auf den Weg geben kann: keinen Alkohol mehr, keine Zigaretten, eine Diät und viel Schlaf!«
Kurze Denkpause beim Patienten: »Und das Zweitklügste?«

☺

Der kleine Michael mault im Stadtpark: »Mami, hier ist es so langweilig!«
»Undankbarer Bengel, wenn es den Stadtpark nicht gäbe, gäbe es auch dich nicht!«

☺

Im Biounterricht diktiert der Lehrer ins Heft: »Emsig schleppen die Vögel Nahrung herbei, um die Jungen zu füttern ...«
Erstaunt unterbricht Katja den Lehrer: »Und die Mädchen, bekommen die denn nichts?«

☺

Auf der Großbaustelle wird's Abend. Wolfgang ruft seinem ausländischen Kollegen vom Gerüst aus zu: »Du, Paulo, gehen wir nachher noch ein Feierabend-Bierchen trinken?«
Der Angesprochene: »Nein, heute nix Biertrinken.«
Eine Stunde später versucht Wolfgang nochmals sein Glück: »Hey, wie wär's doch mit einem Bierchen?«
Der Angesprochene: »Nein, habe blöden Anruf gekriegt: Cousine iste gestorben.« Darauf Wolfgang verständnisvoll: »Dann trinken wir eben ein Dunkles!«

Trainer zum Stürmer: »Du spielst heute gegen Jakob Schnückel.«
»Das ist ja schrecklich. Der tritt gegen alles, was sich bewegt!«
Darauf der Trainer: »Dann besteht für dich nicht die geringste Gefahr!«

Was ist ein Cowboy ohne Pferd?
Ein Sattelschlepper!

☺

»Onkel Doktor«, sagt der kleine Jakob, »du sollst dir gleich mein Schwesterchen anschauen kommen. Es hat Fieber.«
»Und wie hoch ist es?«, fragt der Onkel.
»Fast so groß wie ich, Herr Doktor!«

☺

Nach einem Unfall erwacht der junge Mann langsam wieder. In seinem Taumel murmelt der Verwirrte vor sich hin: »Wo bin ich ... im Himmel?«
»Nein«, antwortet seine Frau, die ihm die ganze Zeit nicht von der Seite gewichen ist, »ich bin immer noch bei dir, Schatz!«

☺

Mit langem Gesicht kommt Chris von der Schule nach Hause: »Papi, kannst du eigentlich auch im Dunkeln schreiben?«
»Das denke ich wohl, mein Sohn«, meint der Vater.
»Okay, dann probier doch mal, ob du mein Zeugnis im Dunkeln unterschreiben kannst!«

☺

Drei alte Frauen gehen ins Schwimmbad. Als die erste schwimmt, holt sie der Bademeister zu sich und fragt sie, warum sie so gut schwimmen könne. Die Frau antwortet, dass sie früher Deutsche Meisterin gewesen sei.

Auch als die zweite alte Frau schwimmt, holt der Bademeister sie zu sich und fragt auch sie, warum sie so gut schwimmen könne.

Die Frau antwortet, sie sei einmal Landesmeisterin gewesen.

Als die dritte Frau schwimmt, ist der Bademeister sehr beeindruckt und sagt, sie sei die beste Schwimmerin, die er je gesehen habe.

Daraufhin lacht die alte Frau und sagt: »Ich war ja früher auch Hebamme in Venedig und habe fast nur Hausbesuche gemacht.«

Es klingelt bei Schmidts, ein Bettler steht vor der Tür: »Verzeihen Sie, hätten Sie vielleicht ein Stück Kuchen für mich?«

Antwortet Frau Schmidt: »Na, hören Sie mal, können Sie nicht mit einer Stulle zufrieden sein?«

»Normalerweise schon, aber heute habe ich Geburtstag!«

☺

Zwei flüchtige Bekannte an der Straßenecke.
Der eine: »Ist das wahr, dass Sie Ihre Gattin durch eine Anzeige kennengelernt haben?«
Antwortet der andere: »Nein, meine nicht, aber Ihre!«

☺

Im Restaurant kommt es zum Streitgespräch: »Unterlassen Sie es bitte, das Besteck mit dem Tischtuch zu reinigen. Erstens ist das ungehörig, zweitens ist unser Besteck immer tadellos sauber und drittens machen Sie mir das ganze Tischtuch schmutzig!«

☺

»Seit wann leiden Sie unter der Zwangsvorstellung, ein Pferd zu sein?«, fragt der Psychiater seinen Patienten.
»Seit meiner Zeit als Jährling.«

☺

In der ersten Klasse wird Mathematik unterrichtet.
»Was ist die Hälfte von Zwölf?«, wird Bertram von der Lehrerin gefragt.
»Weiß ich nicht, aber viel kann es nicht sein ...«

☺

Ein Physiker, ein Mathematiker und ein Wirtschaftswissenschaftler werden vor die Aufgabe gestellt, die Höhe eines Kirchturms zu ermitteln. Wie machen sie es? Der Physiker natürlich mit einem Stein und der Stoppuhr. Der Mathematiker berechnet die Höhe, indem er die Strahlensätze mit Hilfe seines Daumens anwendet. Der Wirtschaftswissenschaftler gibt dem Pastor 30 Euro für die Antwort.

☺

Der Kellner: »Tut mir leid, mein Herr, aber dieser Tisch ist reserviert.«
Der Gast: »Gut, dann stellen Sie ihn weg, und bringen Sie mir einen anderen!«

☺

»Frau Talermann, Sie haben eine äußerst ansteckende Krankheit. Wir müssen Sie auf die Isolierstation verlegen, und dort bekommen Sie nur Kartoffelpuffer und trockene Spaghetti zu essen.«
»Werd ich davon denn wieder fit?«
»Natürlich nicht, aber das ist das Einzige, was sich unter der Tür durchschieben lässt.«

☺

Fritz hat's an der Leber und bekommt Besuch von seinem Kumpel Hans. »Wie viel Alkohol hast du denn pro Tag so getrunken, Fritz?«
Der Kranke sieht sich scheu um: »Erst mal eine Gegenfrage, Hans: Ist meine Frau auch zuverlässig außer Hörweite?«

☺

»Wenn ich ein Buch von Stephen King lese, bin ich jedes Mal total gefesselt«, erzählt Luzie ihrer blonden Freundin.
Darauf Liliane: »Und sag, das stört dich nicht beim Umblättern?«

☺

Der Doktor will ein neues Bild aufhängen. Seine Ehefrau schaut ihm dabei interessiert zu. Erst schlägt er einige Nägel krumm, dann schlägt er sich auf die Finger und schließlich lässt er auch noch das Bild fallen.
Da fragt seine Gattin: »Du Schatz, warum nennst du dich eigentlich praktischer Arzt?«

☺

Wie viele Kanzlerinnenwitze gibt es? Antwort: Noch gar keine. Bei allen bisher vorliegenden handelt es sich um Tatsachenberichte.

☺

Teilnahmsvoll fragt Frau Wagner den Notleidenden: »Ja, hat man Ihnen denn noch nie eine Arbeit angeboten, guter Mann?«
»Doch, einmal. Aber sonst waren die Leute eigentlich immer nett zu mir!«

☺

Ehepaar Tendler macht einen Stadtbummel. Plötzlich zupft der Mann an ihrem Ärmel und flüstert: »Rasch, Annette, mach ein glückliches Gesicht, da drüben auf der Parkbank sitzt meine Ex!«

☺

Professor zum Studenten: »Fährt eine Straßenbahn eigentlich mit Gleich- oder mit Wechselstrom?«
Student: »Mit Wechselstrom!«
Professor: »Aber müsste die dann nicht immer hin- und herfahren?«
Student: »Aber das tut die doch!«

☺

Merkel bereist die USA. Sie lobt gegenüber Obama die fortschrittliche computergesteuerte Wahl in Deutschland: »Wir kennen das Ergebnis einer Wahl bereits am Wahlabend!«
»Das ist gar nichts«, entgegnet Obama, »wir kennen das Ergebnis schon Abende vorher!«

☺

»Aus unserem Urlaub habe ich mir einen Tinker mitgebracht!«, sagt die Millionärsgattin stolz.
»Mach dir mal keine Sorgen, das lässt sich bestimmt mit Medikamenten behandeln!«, antwortet ihre Freundin weise.

☺

Unsere Politiker sind alle käuflich. Nur will sie niemand auch nur geschenkt haben.

☺

Fragt der junge Volontär bei der Morgenpost: »Wie kommt es eigentlich, dass jeden Tag genau so viel passiert, dass die Zeitung voll wird?«

☺

Als in Amerika noch Alkoholverbot herrschte, kam ein Patient zum Arzt. »Können Sie mir keinen Whiskey verordnen, Doc?«
»Kann ich. Allerdings nur, wenn Sie vorher von einer Schlange gebissen worden sind.«
»Haben Sie denn keine Schlange, Doc?«
»Hab ich schon.«
»Gut, dann soll sie mich beißen.«
Da blättert der Arzt in einem dicken Notizbuch.
»Gut. Jetzt haben wir März. Kommen Sie am 3. August nachmittags um zwei wieder. Bis dahin ist die Schlange ausgebucht.«

Sagt der Landarzt zu seiner Tochter Beatrix, die Masern hat und zu Hause bleiben will: »Denk an deine Weihnachtsgeschenke, Schatz, du gehst jetzt in die Schule und steckst alle an!«

»Wie kommt denn der riesige Klecks in dein Heft?«, tadelt der Lehrer. »Das ganze Heft ist ja verdorben!«
Oliver gesteht: »Sie haben für jeden Klecks eine Seite Strafarbeit angedroht, da habe ich dann aus vier Klecksen einen gemacht.«

☺

Was sagt ein Sachse, der in London einen Christbaum kaufen möchte?
Ä Tännschn please!

☺

»Und das soll Schaumwein sein?«, beschwert sich der Gast. »Der schäumt ja nicht mal!«
»Na und? Haben Sie vielleicht schon mal eine Ochsenschwanzsuppe bekommen, die gewedelt hat?«

☺

Eva und Janine morgens in der Straßenbahn.
»Du meine Güte, ist das heute hier ein Gedränge!«, sagt Eva.
»Komisch«, antwortet Janine, »gestern in der Disco nanntest du es noch Atmosphäre!«

☺

»Ach, Schatz, Liebe ist doch etwas Wunderbares!«
»Ja, Engelchen, aber mit dir ist es auch ganz nett!«

☺

»Passt gut auf!«, sagt der Lehrer. »Wenn zehn Zimmermänner zum Bau eines Daches hundert Tage brauchen, dann brauchen hundert Zimmermänner für dieselbe Arbeit nur zehn Tage. Habt ihr das begriffen?«
»Ja!«, ruft die Klasse.
»Jetzt nennt mir ein anderes Beispiel!«, sagt darauf der Lehrer.
Eine Zeit lang herrscht Schweigen, dann meldet sich Daniel: »Wenn ein Schiff nach Norwegen fünf Tage braucht, dann brauchen fünf Schiffe nur einen Tag!«

☺

Fragt der Versicherungsvertreter den Bauern: »Ist das Pferd eines natürlichen Todes gestorben?«
»Nein, es ist kurz zuvor noch vom Tierarzt behandelt worden!«

☺

Im Hauptverwaltungsgebäude der Deutschen Bahn werden die Fahrstühle abgebaut.
Warum?
Die Mitarbeiter seilen sich ab, die Kunden gehen die Wände hoch und der Vorstand schwebt über allem.

☺

Herr Pieske spaziert eines fröhlichen Sonntags eine Straße entlang. Da sieht er auf einer Tanne einen Typen sitzen, in typischer Rennfahrerhaltung. Der sagt: »Bruummm, bruumm!« Pieske denkt sich, der hat doch 'nen Knall. Fünfzig Meter weiter sieht er den nächsten auf einem Baum sitzen, verkniffener Gesichtsausdruck, ein imaginäres Lenkrad in der Hand und »brumm, brumm, brumm!« Pieske geht kopfschüttelnd weiter, als er auf einem Baum zwanzig Meter weiter einen Mann sitzen sieht, der die Zeitung liest. Er denkt sich: »Der liest wenigstens die Zeitung.«

»Hey, Sie da! Haben Sie die Typen da hinten gesehen?«, ruft er hinauf. »Die sitzen auf den Bäumen und führen sich auf, als wären sie Rennfahrer!«

Wirft der andere seine Zeitung zu Boden und brüllt: »Waaas? Die kommen schon? Dann aber nix wie los: brumm, brumm!«

Ein Bettler klingelt bei Hubers und klagt: »Ich habe seit Tagen nichts gegessen.«

Die Hausfrau betroffen: »Das dürfen Sie nicht machen. Sie sollten sich dazu zwingen!«

☺

»Schatz, ich glaube, ich habe die Skatkrankheit.«
»Liebling, wie kommst du denn darauf?
»Nun, also, ich habe Herzbeschwerden, ein Zie-
hen im Kreuz, in der Schulter piekt's, und meine
Unterwäsche trage ich nur in Karo!«

☺

»Timo«, sagt die Mama, als sie das Kranken-
zimmer verlässt, »deine Oma ist sehr krank.
Mach ihr eine Freude.« Da setzt sich der Junge
ans Bett der Oma und fragt: »Willst du Rosen
oder Tulpen auf den Sarg, Oma?«

☺

Wie funktioniert der Öko-Vibrator?
Hummeln im Bambusrohr …

☺

Zwei Stuten laufen vor einem stattlichen Hengst
davon. Nach einer Weile flüstert die eine der
anderen heimlich zu: »Lass uns nicht so schnell
laufen. Du weißt doch, er ist auch nicht mehr der
Jüngste!«

☺

Der Oberst zum Adjutanten:

»Morgen früh ist eine Sonnenfinsternis, etwas, was nicht alle Tage passiert. Die Männer sollen im Drillich auf dem Kasernenhof stehen und sich das seltene Schauspiel ansehen. Ich werde es ihnen erklären. Falls es regnet, werden wir nichts sehen, dann sollen sie in die Sporthalle gehen.«

Adjutant zum Hauptmann:

»Befehl vom Oberst. Morgen früh um neun ist eine Sonnenfinsternis. Wenn es regnet, kann man sie vom Kasernenhof aus nicht sehen, dann findet sie im Drillich in der Sporthalle statt. Etwas, was nicht alle Tage passiert. Der Oberst wird's erklären, weil das Schauspiel selten ist.«

Hauptmann zum Leutnant:

»Schauspiel vom Oberst morgen früh neun Uhr im Drillich. Einweihung der Sonnenfinsternis in der Sporthalle. Der Oberst wird's erklären, warum es regnet. Sehr selten sowas!«

Leutnant zum Feldwebel:

»Seltener Schauspiel-Befehl: Morgen um neun wird der Oberst im Drillich die Sonne verfinstern, wie es alle Tage passiert in der Sporthalle, wenn ein schöner Tag ist. Wenn's regnet, Kasernenhof!«

Feldwebel zum Unteroffizier:

»Morgen um neun Verfinsterung des Oberst im

Drillich wegen der Sonne. Wenn es in der Sporthalle regnet, was nicht alle Tage passiert, antreten
auf'm Kasernenhof! Sollten Schauspieler dabei
sein, sollen sie sich selten machen.«
Gespräch unter den Soldaten:
»Haste schon gehört, wenn's morgen regnet ...«
»Ja, ick wees, der Oberst will unser Drillich verfinstern. Det dollste Ding: Wenn die Sonne keinen
Hof hat, will er ihr einen machen. Schauspieler
sollen Selters bekommen, typisch! Dann will er
erklären, warum er aus rein sportlichen Gründen
die Kaserne nicht mehr sehen kann. Schade, dass
das nicht alle Tage passiert.«

Jannick ist auf der Suche nach der Frau seines
Lebens. Er wird weder in der Disco, noch auf der
Straße, noch beim Tennis fündig. Deshalb geht er
zum Heiratsvermittler. Wie seine Idealfrau denn
aussehen solle, wird er gefragt. »Naja, sie soll still
und besonnen sein wie ich. In etwa so groß wie
ich. Sie sollte sich geschmackvoll kleiden, und sie
sollte gut schwimmen können!«
Der Vermittler verkündet seinen Tipp: »Heiraten Sie
einen Pinguin!«

☺

Oma Karstens wird von einem Radfahrer angefahren und fällt herunter. Dem Radfahrer ist
die Situation furchtbar peinlich, er hilft der
alten Dame natürlich wieder auf die Füße und
sagt: »Da haben Sie aber Glück gehabt, dass
ich heute meinen freien Tag habe!«
»Warum denn das?«, fragt die noch vor Schreck
kreidebleiche Frau Karstens.
»Na, weil ich normalerweise einen Reisebus
fahre!«, antwortet der Radler.

»Sie müssen mir einen Rat geben, Herr Psychologe. Mein Vater wird langsam alt. Er sitzt den
ganzen Tag in der Badewanne und spielt mit einer
Gummiente.«
»So lassen Sie doch dem alten Mann dieses harm-
lose Glück.«
»Nein, verdammt nochmal. Es ist meine Ente!«

An einem Schalter der Bundesbahn fragt eine
Mutter:»Bis wann haben Kinder denn freie Fahrt?«
Der Fahrkartenverkäufer antwortet:»Bis sechs.«
Da strahlt die Mutter erleichtert und meint:»Gott
sei Dank, wir haben nur fünf.«

☺

Eine fränkische Ehefrau zu ihrem Mann: »Sag mal, was soll ich denn zu deinem Geburtstag backen?«

»Na, am besten deine Koffer ...«

☺

Eva: »Adam, liebst du mich?«
Darauf Adam: »Ja, meinst du, ich mach Liegestützen?«

☺

»Welches ist das kleinste Waldgebiet in Deutschland?« heißt eine Prüfungsfrage.

»Der Odenwald«, schreibt Rudi.

»Ganz falsch«, sagt der Lehrer, »wie bist du denn darauf gekommen?«

»Es gibt doch ein Lied: Es steht ein Baum im Odenwald.«

☺

Treffen sich zwei Hunde, sagt der eine zum anderen: »Mein Herrchen ist so blöd, jetzt bring ich ihm schon zum 1000. Mal den Ball und er wirft ihn immer wieder weg.«

☺

Marianne findet zwanzig Euro und gibt sie ihrem Mathelehrer zurück.

Das Mädchen fragt: »Gibt es dafür nicht zehn Prozent Finderlohn?«

Darauf der Lehrer: »Sei nicht so gierig, hier hast du sechs Euro und nun Ruhe!«

»Hubert, mit mir ist etwas nicht in Ordnung!«, beschwert sich der achtzigjährige Ottokar bei seinem Freund. »Ich laufe dauernd hinter jungen Mädels her!«

»Daran kann ich aber nichts Krankhaftes feststellen«, beruhigt ihn sein Kumpel.

»Mag sein, aber ich kann mich nicht erinnern, weswegen ich es tue!«

»Mama, hattest du damals Sexualkunde in der Schule?«, will Paulchen wissen.

»Nein, das gab es damals noch nicht«, gibt die Mutter Auskunft.

»Ach so, dann hat es wohl auch keinen Zweck, wenn ich dich was frage«, winkt Paulchen ab.

☺

Der Frauenarzt zur kleinen Verena: »Ist deine Mutter eigentlich ein Einzelkind?«
»Nein, die ist ein Zwilling.«
»Und, Verena? Kannst du die beiden denn auseinanderhalten, also weißt du, welche von den beiden deine Mama ist?«
»Kein Problem für mich, der Onkel Sigi hat nämlich einen Schnauzer!«

☺

»Lieber Chefkoch, Ihre Törtchen sind ungenießbar!«
»Ich bitte Sie, mein Herr, ich habe schon Törtchen gebacken, da waren Sie noch gar nicht auf der Welt!«
»Na toll, und warum servieren Sie das Zeug erst jetzt?«

☺

Omi Maier zum Bettler: »Warum finden Sie als gesunder, großer Mann denn keine Arbeit?«
Darauf der Befragte: »Bin halt ein Glückspilz.«

☺

Gehen ein Chihuahua und ein Bernhardiner eine
Straße entlang. Plötzlich bleibt der Chihuahua
stehen.
Fragt der Bernhardiner: »Wieso bleibst du stehen?«
Darauf der Chihuahua: »Ich bin auf einen Kau-
gummi getreten.«

Steht eine Frau in einer Zoohandlung vor dem
Papageienkäfig. Plötzlich krächzt dieser: »Du bist
aber vielleicht hässlich!« Die Frau eilt entsetzt
nach Hause, schaut in den Spiegel und findet sich
eigentlich ganz hübsch. Am nächsten Tag steht sie
erneut vor dem Papageienkäfig. Wieder krächzt
der Papagei: »Du bist aber auch sowas von hässlich!« Wütend beschwert sich die Frau bei dem
Geschäftsführer der Zoohandlung. Der Mann verspricht der Frau, sich um den Papagei zu kümmern. Er droht dem Papagei, sollte dieser die Frau
weiterhin beleidigen, ihm den Hals umzudrehen.
Am nächsten Tag, als die Frau wieder vor dem
Käfig steht, sieht sie den Papagei ganz demütig
mit eingezogenem Kopf auf seiner Stange sitzen.
Kaum hörbar krächzt er: »Du weißt Bescheid!«

☺

Ein dickes Pferd trifft auf ein dünnes Pferd und meint: »Meine Güte, also wenn man dich so ansieht, könnte man ja meinen, eine Hungersnot ist ausgebrochen!«
Darauf entgegnet das dünne nur trocken: »Ja, und wenn man dich so betrachtet, dann könnte man denken, du allein bist daran schuld!«

Wie heißt Tutti Frutti im Altersheim?
Der Greis ist heiß!

Kommt Herr Schnappel zum Metzger: »Ich hätte gern einen Ochsenschwanz und Stierhoden«.
Darauf der Metzger: »Ja, wer hätte das nicht gern!«

Wie viele Physiker braucht man, um eine Glühbirne einzuschrauben?
Einen, aber 400 bewerben sich!

Wie heißen die Fußballschuhe von Jesus?
Christstollen.

☺

Ein Viehhändler zieht mit seiner Herde von Dorf zu Dorf. Eines Tages bemerkt er eine alte Kuh und denkt nach, wie er die denn nun am besten verkaufen könne. Im nächsten Dorf bemerkt er zwei Bauern, Egon und Klaus, die ihm nicht so aussehen, als würden sie allzu intelligent sein, und er beschließt:»Denen verkauf ich jetzt die alte Kuh!«

Er spricht die beiden an:»He Männer! Ich hab was Tolles für euch: eine Kuh, die Wasser zu Milch machen kann!«

Die beiden, anfangs noch skeptisch, lassen sich von dem Viehhändler zu einer Vorführung überreden.

Nun, der Viehhändler stellt einen Kübel Wasser vor die Kuh, taucht den Schädel ins Wasser, geht ans hintere Ende und macht mit dem Kuhschwanz pumpende Bewegungen. Dann geht er zum Euter, melkt, und siehe da, es kommt Milch raus! Die beiden sind natürlich komplett begeistert und kaufen die Kuh. Sie ziehen mit Ihrer Neuerwerbung Richtung Heimat und kommen an einem See vorbei. Da hat der Egon eine super Idee und sagt zum Klaus: »Du, wir steigen jetzt groß ins Milchgeschäft ein. Stellen wir die Kuh doch an den See!«

Gesagt, getan. Die Kuh steht mit den Vorderbeinen im Wasser und hinten an Land. Egon hält den Kopf ins Wasser. Klaus pumpt, und die Kuh lässt einen mächtigen Fladen fallen. Er ruft dem Egon zu: »Stopp! Halt den Kopf nicht so weit ins Wasser. Die saugt schon Schlamm an ...«

Was ist der letzte Schein, den ein Philosophiestudent macht?
Der Taxischein.

Ein Arzt rät einem Patienten, Alkohol, Rauchen und den Umgang mit Frauen aufzugeben.
»Sind Sie wirklich überzeugt«, fragt der Patient, »dass ich auf diese Weise 100 Jahre alt werde?«
»Keineswegs«, sagt der Arzt, »es wird Ihnen aber bestimmt so vorkommen!«

Andreas geht ins Krankenhaus.
Der Arzt fragt: »Wie ist das passiert?«
»Der Hund hat mir in den Arm gebissen.«
»Haben Sie etwas draufgetan?«, fragt der Arzt.
»Nein, es hat ihm auch so geschmeckt.«

☺

Häschen trifft einen Bettler auf der Landstraße.
»Haddu Hunger?«
»Ja«, antwortet der Bettler.
»Muddu essen«, meint das Häschen.
Der Bettler wird wütend, da bietet das Häschen
entwaffnend an: »Widdu Möhrchen?«

☺

Marlon in einem Restaurant zur Kellnerin: »Sie, ist
das ein Salami- oder Thunfischsandwich?«
Darauf die Kellnerin: »Schmecken Sie das denn
nicht?«
Marlon: »Nein, würd ich sonst fragen?«
Darauf die Kellnerin: »Na, dann ist es doch auch
egal!«

☺

Kommt ein Mann in einen Pornoladen und
möchte eine aufblasbare Plastikpuppe. Verkäufer: »Können Sie haben. Aber, waren Sie nicht
schon letzte Woche hier und haben eine gekauft?«
Der junge Mann betröppelt: »Ja, stimmt, aber wir
hatten eine Krise ... ich hab Schluss gemacht ...«

☺

Der frisch gebackene Abiturient Tomas verbringt seine Nachmittage vorwiegend damit, im Keller mit seinem Chemiekasten zu experimentieren. Eines Tages kommt der Vater die Treppe runter, als der Sohn gerade etwas in die Wand schlägt.

»Tommi, klopf doch bitte keine Nägel in die Wand!«

»Das ist kein Nagel, Vati. Das ist eine Made. Ich habe eine Salbe entwickelt, die alle Dinge hart wie Stein macht.«

»Weißt du was, mein Junge,« meint der Vater mit plötzlichem Interesse, »du gibst mir die Salbe, und ich kauf dir ein Auto.«

Als Tomas am nächsten Tag von der Uni kommt, stehen zwei nagelneue Autos in der Einfahrt.

»Vati, wozu die beiden Autos?«, fragt der Sohnemann.

»Oh, die sind beide für dich, mein Sohn. Der Golf ist von mir – und der Mercedes von deiner Mutter.«

Was heißt »Hund« auf Italienisch?
Labello!

☺

»Soll ich Ihnen das Mittagessen in die Kabine bringen?«, fragt der Matrose den seekranken Passagier. »Oder sollen wir es gleich für Sie über Bord werfen?«

☺

Missmutig meint ein Gast zum Kellner: »Räucheraal auf Toast, Wachteleier auf Spinat. Sagen Sie mal, gibt es in diesem Laden eigentlich gar keine Teller?«

☺

»Wann ist die richtige Zeit für die Kirschernte?«, fragt die Lehrerin in der Hauswirtschaftsstunde. Evi erläutert: »Wenn der Eigentümer schläft!«

☺

Ein junger Mann soll gesteinigt werden. Jesus tritt vor die Menge und sagt: »Wer von euch ohne Sünde ist, werfe den ersten Stein!«
Plötzlich kommt ein riesiger Brocken geflogen und trifft den Sünder am Kopf. Tot.
Jesus dreht sich um und meint: »Mutter, manchmal kotzt du mich echt an!«

In Ostberlin der DDR findet das Pfingsttreffen der FDJ statt. Der ganze Alexanderplatz erstickt in wehenden roten Fahnen, bunten Papierschnipseln und den blauen Uniformen der Jugendlichen. Trotzdem entdeckt Honecker noch einige leere Ecken.

Da fragt er Mielke besorgt: »Meinst du, dass wir den Platz wirklich voll bekommen?«

Darauf Mielke: »Mit Sicherheit, mit Sicherheit!«

Wenn der Chef sagt, du bist das beste Pferd im Stall, dann meint er unter Umständen nur, dass du den größten Mist machst?!

Auf dem Amtsgericht fragt der Herr Richter: »Warum haben Sie den Mann denn auf offener Straße verprügelt?«

Angeklagter: »Meine Verhältnisse erlauben mir leider nicht, dafür auch noch eine Halle anzumieten!«

»Kommen Sie mir bloß nicht wegen Urlaub, Herr Karlos! Haben Sie denn gar kein Ehrgefühl? Wissen Sie überhaupt, wie wenig Sie arbeiten?

Ich rechne es Ihnen mal vor: Das durchschnittliche Jahr hat bekanntlich 365 Tage.

Davon schlafen Sie täglich etwa 8 Stunden, das sind 122.

Bleiben noch 243 Tage.

Täglich haben Sie 8 Stunden frei, das sind ebenfalls 122.

Also noch 121.

Sonntags wird nicht gearbeitet, 52 Mal im Jahr.

Was bleibt übrig? 69 Tage.

Sie rechnen doch noch mit?

Samstagnachmittag wird auch nicht gearbeitet, das sind nochmals 52 halbe oder 26 ganze Tage.

Es bleiben noch 43 Tage.

Sie haben täglich 2 Stunden Pause, also insgesamt 30 Tage.

Was bleibt in der Rechnung?

Nur ein Rest von 13 Tagen!

Das Jahr hat 12 Feiertage, und da bleibt … sage und schreibe 1 Tag!

Und das ist der 3. Oktober, an dem wird auch nichts getan!

Und da wollen Sie noch Urlaub?«

☺

»Wissen Sie, wie alt dieses Pferdeskelett ist?«,
wird der Museumsdirektor gefragt.
»Aber natürlich, es ist genau 20 Millionen und
15 Jahre alt.«
»Beeindruckend. Woher wissen Sie das so prä-
zise?«
»Nun ja, ich habe vor 15 Jahren hier angefangen zu arbeiten, und da war das Skelett genau
20 Millionen Jahre alt.«

☺

Heinz Knospe geht zum Doktor.
Nach der Untersuchung fragt ihn der Mediziner:
»Sie rauchen doch hoffentlich?«
»Nein«, antwortet Knospe.
»Schade«, meint der Arzt.
»Wieso schade?«
»Weil es Ihnen gutgetan hätte, wenn Sie es auf-
geben würden.«

Was ist der wichtigste Schein für eine Studentin
der Sozialpädagogik?
Der Trauschein.

Frau Tandler zu einem blinden Bettler: »Guter Mann, hier haben Sie fünfzig Cent.«
»Aber Moment mal, das sind nur zwanzig Cent.«
»Aha, Sie können also sehen …?«
»Entschuldigen Sie, ich bin nur der Vertreter. Der Blinde kauft sich grad 'ne Bunte.«

☺

»Im Kino fiel gestern der Strom aus.«
»Und, gab's Panik?«
»Ja, als nach 10 Minuten überraschend das Licht eingeschaltet wurde.«

☺

Hugo lädt Elena zu einem selbstgekochten Abendessen ein. Darauf die Angebetete: »Gern, aber vorher würde ich gern noch eine Kleinigkeit essen gehen!«

☺

Bei der Prüfung zum goldenen Hufeisen wird das Mädchen gefragt: »Sabine, nenn mir mal drei Gründe, warum Pferde keine Eiben fressen dürfen!«
Sabine: »Na ja, meine Mama sagt es, mein Papa sagt es und Sie sagen es auch.«

Ein Rabbi und ein Priester sitzen zusammen im Zug nach Köln. Sie kommen ins Gespräch, und der Priester sagt zum Rabbi: »Ich weiß, dass in Ihrer Religion das Essen von Schweinefleisch verboten ist. Haben Sie's schon mal probiert?«
»Wenn ich ehrlich bin«, antwortet der Rabbi, »ja, ab und zu!«
Nach einer Weile dann der Rabbi zum Priester: »Ich weiß, dass in Ihrer Religion die Priester das Zölibat leben. Haben Sie …?«
Der Priester: »Ich weiß schon, was Sie fragen wollen. Ja, ab und zu bin ich der Versuchung erlegen.«
Eine lange Pause.
Dann schaut der Rabbi den Priester an und sagt: »Besser als Schweinefleisch, was?«

»Hast du deine Arbeit alleine gemacht?«, will die Lehrerin von Georg wissen.
»Ja«, bestätigt Georg, »nur bei der Ermordung Hamlets hat mir mein Bruder geholfen!«

☺

Treffen sich zwei Blondinen. »Sag mal, Uschi«, sagt die eine, »wie schützt du dich eigentlich vor Aids?«

»Ich schlafe nur noch mit Polizisten!«

»Mit Polizisten? Wieso das denn?«

»Ich habe gehört, die arbeiten immer mit Gummiknüppeln!«

☺

Kommt ein Mann im angeheitertem Zustand in die Kirche. Er erblickt die Heilige Jungfrau Maria mit dem Kinde und lallt: »Für die Dame einen Brandy, fürs Kind eine Limonade!«

Dann sieht er Jesus am Kreuz und lallt: »Für den Artisten ein Bier!«

Er schaut sich weiter um und sieht den Pfarrer im Beichtstuhl sitzen: »Und wenn du endlich mit dem Kacken fertig bist, solltest du deine Gäste gefälligst bedienen!«

☺

Treffen sich ein Ossi und ein Wessi.

Sagt der Ossi: »Wir sind ein Volk!«

Sagt der Wessi: »Wir auch!«

☺

Eine Frau setzte sich einst auf eine Parkbank und ruhte sich von einem langen Bummel durch die Stadt aus. Etwas später kam ein Bettler des Weges und sagte zu ihr: »Hallo Liebes, wie wäre es mit einem kleinen Spaziergang zu zweit?«

»Wie können Sie es wagen?«, empörte sich die Frau. »Ich bin nicht eines von Ihren Flittchen!«

»So, sind Sie also nicht«, sagte der Penner, »dann raus aus meinem Bett!«

☺

Zwei Gäste im Tischgespräch: »Essen Sie auch gerne Wild?«

»Nein, ich hab's lieber ruhig und gemütlich!«

☺

Die beleibte Herta kommt in die Konditorei: »Ich möchte bitte Rumkugeln.«

Der Konditor: »Bitte, bitte, der Laden ist groß genug.«

☺

»Soll ich ein paar Tage im Bett bleiben?«, fragt der erschöpfte Peter.

»Nein«, meint der Arzt, »ein paar Nächte würden schon reichen.«

☺

Pit und Paul haben im Pfarrgarten Aprikosen gestohlen. Um nicht entdeckt zu werden, schleichen
sie in die gerade offen stehende Leichenhalle, um
sie zu teilen. Vor der Tür verlieren sie noch zwei
ihrer leckeren Früchte.
»Eine für dich, eine für mich; eine für dich, eine für
mich«, murmeln sie.
Der Küster kommt vorbei und hört die beiden.
Ihm sträuben sich die Haare. Er läuft zum Pfarrer:
»Herr Pfarrer, in der Leichenhalle handelt Gott mit
dem Teufel die Seelen aus!«
Der Pfarrer schüttelt nur den Kopf und geht mit
dem Küster leise zur Leichenhalle. Er hört leise
Stimmen: »Eine für dich, eine für mich; eine für dich,
eine für mich. So, das sind jetzt alle. Nun holen wir
uns noch die beiden vor der Tür!«

Der Sommerurlauber aus der Stadt fragt: »Was
sagt ihr in Ostfriesland eigentlich zu einer Lit-
faßsäule?«
»Was sollen wir zu ihr sagen?«, fragt der Ostfriese. »Wir gehen schweigend an ihr vorbei und
ignorieren sie.«

Die in der Wüste stationierten Soldaten bekommen einen neuen Kommandanten. Der ältere Herr lässt sich alles zeigen. Auf seine Frage, warum an der Mauer ein einzelnes Kamel angebunden sei, antwortete der Spieß: »Das benutzen die Soldaten, wenn sie wieder mal Lust auf 'ne Frau haben!«

Dem Kommandanten erscheint das ziemlich pervers, aber nach 'nem halben Jahr im Fort schnappt er sich 'ne Kiste und stellt sie hinter das Kamel.

Als er die Hose herunterlässt, ertönt lautes Lachen. Er dreht sich um und sieht den Spieß und einige Soldaten, die sich vor Lachen krümmen.

Wütend sagt er: »Ist das nicht das Kamel, das die Soldaten verwenden sollen, wenn sie geil sind?«

Spieß: »Natürlich, aber um damit in die nächste Stadt zu reiten.«

Valentin wirft mit aller Wucht seinen neuen Anzug ins Meer. Kommt sein Freund vorbei und fragt: »Wieso hast du das denn gemacht?«
Antwortet Valentin: »Die Medien haben gesagt, die Schweinegrippe ist im Anzug.«

☺

Ein Penner stöbert im Sperrmüll herum und findet nach langem Suchen einen alten, goldenen Spiegel. Fasziniert betrachtet er das gute Stück und meint dann:
»Ok, verstehe, dieses Bild hätte ich auch weggeworfen!«

☺

Wenn eine Studentin im 10. Semester noch nicht ihren Doktor hat, muss sie ihn wohl oder übel selbst machen.

☺

Familie Leuter bringt aus Afrika einen großen, gelben und gefährlich wirkenden Hund mit. Eines Tages essen die Nachbarn bei ihnen zu Abend. Der gelbe Hund verzehrt grade ein rohes Stück Fleisch.
Da sagt die Nachbarin: »Das ist aber ein gefährlicher Hund, Frau Leuter.«
»Den hätten sie mal sehen müssen, bevor wir ihm die Mähne rasiert haben.«

☺

Gott und der Teufel spielen Golf. Dem Teufel gelingt es, den Ball mit einem einzigen Schlag über 240 Meter zu versenken. Dann schlägt Gott. Sieht perfekt aus. Aber: Der Ball bleibt fünf Zentimeter vor dem Loch liegen. Da kommt eine Maus aus dem Loch gekrochen und frisst den Ball. Ehe sie wieder in ihrem Loch verschwindet, schnappt eine Schlange nach der Maus und verschlingt sie. Im gleichen Moment stößt ein Adler vom Himmel herab und greift sich die Schlange. Plötzlich gibt es ein Gewitter, ein Blitz zuckt herab und trifft den Adler. Der stürzt zu Boden – genau in das Golfloch. Sagt der Teufel: »Sag mal, Gott: Wollen wir jetzt Golf spielen oder herumalbern …?«

☺

Sagte einst ein Fischer im Boot: »Es ist mir scheißegal, wer dein Vater ist. Solange ich hier angle, läufst du nicht übers Wasser!«

☺

Nina erzählt in der Schule: »Gestern haben wir ein kleines Fohlen bekommen.«
»Und, wollt ihr es großziehen?«
»Nein, wir lassen es von alleine wachsen!«

☺

Ein Mann geht zum Sexualtherapeuten und beschwert sich, dass seine Frau keinen Spaß im Bett hat und keinen Orgasmus bekommt.

Der Befragte meint: »Na, dann versuchen Sie eine angenehme Atmosphäre zu schaffen, stellen Sie Kerzen auf, streuen Sie Blumen aus, seien Sie ganz zärtlich. Sollte das nicht funktionieren, so kommen Sie morgen wieder zu mir.«

Der Mann kommt am darauffolgenden Tag und teilt dem Therapeuten mit, dass das nicht geklappt hat. Der meint nun: »Suchen Sie sich einen Schwarzen, der soll sich nackt vor Ihre Frau stellen und mit seinem besten Stück wedeln ... und Sie nehmen sie von hinten!«

Der Mann geht nach Hause, der Schwarze wedelt mit seinem Penis, der Mann packt seine Frau von hinten, doch seine Frau bekommt trotzdem keinen Orgasmus.

Der Mann meint zum Schwarzen: »Los komm, nimm du sie von hinten und ich werde wedeln ...«

Der Mann stellt sich vor seine Frau und wedelt mit seinem Penis, der Schwarze nimmt die Frau von hinten. Die Frau fängt an zu stöhnen und bekommt einen Orgasmus nach dem anderen. Der Mann zum Schwarzen: »Hast du gesehen? So musst du wedeln!«

☺

Im Biologieunterricht kommt Lehrer Grünlein auf die Tatsache zu sprechen, dass der Darm der Kuh ganze 22 Meter lang ist.
»Kann sich jemand denken, wozu die Kuh einen so langen Darm braucht?«, fragt Grünlein.
Darauf antwortet Tim: »Wahrscheinlich damit es für die Würste reicht.«

☺

Was sagt der Lappländer beim Anblick seiner Herde?
Das rentiert sich.

☺

Ein Polizist stoppt einen sehr rasanten Autofahrer: »Darf ich bitte Ihren Führerschein sehen?«, fragt er sachlich.
»Führerschein?«, fragt der junge Autofahrer. »Ich denke, den bekomm ich erst mit 17?«

☺

Mündliche Prüfung in Physik. Der erste Kandidat kommt rein und wird von dem Prüfer gefragt: »Was ist schneller, Licht oder Schall?«
Antwort: »Der Schall natürlich!«
Prüfer: »Können Sie das begründen?«
Antwort: »Wenn ich meinen Fernseher einschalte, kommt zuerst der Ton und dann das Bild.«
Prüfer: »Sie sind durchgefallen. Der Nächste bitte.«
Der Nächste kommt rein und bekommt die gleiche Frage gestellt.
Antwort: »Das Licht natürlich!«
Prüfer lächelnd: »Können Sie das auch begründen?«
Antwort: »Wenn ich mein Radio einschalte, dann leuchtet erst das Lämpchen und dann kommt der Ton.«
Prüfer: »Raus! Sie sind auch durchgefallen! Rufen Sie den letzten Prüfling rein!«
Zuvor holt sich der Professor eine Taschenlampe und eine Hupe. Vor dem Kandidaten macht er die Taschenlampe an und gleichzeitig hupt er.
Prüfer: »Was haben Sie zuerst wahrgenommen, das Licht oder den Schall?«
Antwort: »Das Licht natürlich.«
Prüfer: »Können Sie das auch begründen?«

Antwort: »Na klar! Die Augen sind doch weiter vorne als die Ohren.«

☺

Eine Glatze ist FKK auf höchster Ebene.

☺

Der junge Gatte zu seiner Frau Gertrud: »Bitte, Schatz, dreh den Herd noch ein wenig mehr auf, dass das Essen schneller anbrennt! Wir kommen sonst zu spät zum Italiener!«

☺

Uwe zu seinem alten Studienfreund Jürgen:
»Was wünscht sich deine Uschi denn zum Geburtstag?«
»Ein Pelzmantel oder einen Jaguar!«
»Und was gibt's?«
»Einen Pelzmantel. Oder kennst du jemanden, der falsche Autos verkauft?«

☺

Ist eine Giraffe mit Angina noch zu übertreffen? Klar, von einem Tausendfüßler mit Hühneraugen.

☺

Herr Mindel und seine Frau möchten unbedingt einmal das Land bereisen, in dem Jesus lebte. Während dieser Zeit stirbt die Schwiegermutter, die sie begleitet hatte. Der Bestatter in Jerusalem erklärt ihm, sie könnten den Leichnam für 8.000 Euro in die Heimat überführen lassen oder aber die Schwiegermutter für 300 Euro in Tel Aviv bestatten lassen.

Der Mann überlegt nicht lang und erklärt: »Sie wird überführt!«

Der Bestatter fragt: »Sind Sie sicher? Das ist ein verdammt hoher Preis, und wir würden hier auch eine würdevolle Trauerfeier abhalten.«

Darauf der Mann: »Hören Sie, vor 2000 Jahren wurde hier ein Mann beerdigt, der nach drei Tagen wieder auferstand, das Risiko möchte ich nicht eingehen!«

Hinnerk ist auf Besuch in den bayerischen Alpen. Bei einem Spaziergang begegnet er einem Bauern, der eine Rolle Stacheldraht unterm Arm trägt. Neugierig fragt Hinnerk: »Soll ein Zaun werden, wa?«

Daraufhin der Bauer genervt: »Na, an neuen Pullover will i mir stricken!«

☺

»Herr Doktor, manchmal sehe ich alles so ver-
schwommen, trotz meiner Brille. Soll ich vielleicht
stärkere Gläser nehmen?«
»Nein, nicht stärkere Gläser. Ein paar weniger!«

☺

Letzte Woche wurde Stevie Wonder tot in seinem
neuen Schlafzimmer aufgefunden.
Warum?
Er hat sich an der Raufasertapete totgelesen ...

☺

»Wenn es das Gesetz der Schwerkraft nicht gäbe,
würden wir in der Luft herumfliegen«, erklärt der
Lehrer.
Da will Gabi wissen: »Und wie war das vorher, als
es das Gesetz noch nicht gab?«

☺

»Nun, Herbert«, fragt der Lehrer, »warum meinst du
wohl, dass ich dich gestern ein kleines Schwein
genannt habe?«
»Weil ich«, erwidert Herbert treuherzig, »noch
nicht so groß bin wie Sie, Herr Lehrer.«

☺

Hajo ist in der Wüste Gobi und fragt einen Beduinen: »Wie kommt man denn am besten durch die Wüste?«
Der Einheimische: »Na, ich denke als Kamel!«

☺

Was wünschte einst der chinesische Außenminister Bill Clinton in der Silvesternacht? »Guten Lutsch!«

☺

»Ist der Chef schon von seinem morgendlichen Ausritt zurück?«, fragt der Stallknecht. »Nein, aber es kann nicht mehr lange dauern, das Pferd ist schon da!«

☺

Am Stammtisch sagt der eine Kumpel zum anderen: »Na, is deine Alte wieder von der Kur zurück?«
Darauf der andere: »Ja doch, leberleidend fuhr sie weg, leider lebend kam sie wieder.«

☺

Kommt eine Nonne zum Arzt und sagt: »Herr Doktor, mir ist so unwohl, können Sie mir nicht helfen?«

Der Arzt sagt: »Machen Sie sich frei.«

Er untersucht sie, nimmt die linke Brust in die Hand und sagt: »Sagen sie mal 99.«

Sagt sie: »99.«

Er nimmt die rechte Brust in die Hand und sagt: »Sagen Sie mal 99.«

Sagt sie: »99.«

Er fährt ihr mit der Hand ins Höschen und sagt: »Sagen sie mal 99.«

Fängt sie an: »Eins, zwei, drei, vier ...«

Alexandras Freundin Verena hat einen neuen Hund bekommen. Alexandra darf ihn mal ausführen. Kommt ihr ein Spaziergänger entgegen.

Sie sagt zu ihm: »Guten Tag. Können Sie bitte mal den Hund streicheln?«

Der Mann streichelt und krault den Hund.

Als er weiterwill fragt er: »Warum wollten Sie eigentlich, dass ich den Hund streichle?«

Alexandra darauf: »Ich wollte nur wissen, ob er beißt.«

☺

Was ist die beste Eigenschaft von Jogi Löw?
Dass er nicht Jürgen Klinsmann ist.

☺

Bauer Meise geht zum Arzt. Herz und Leber funktionieren nicht mehr richtig. »Wie viel trinken Sie denn so pro Tag?«, fragt der Arzt misstrauisch.
»So meine sieben bis acht Halbe, Herr Doktor«, schnauft der Landwirt. »Aber es gibt auch Tage, an denen ich mich nicht beherrschen kann.«

☺

Was haben ein Chinese und der Grüne Punkt gemeinsam?
Den Gelben Sack natürlich.

☺

Gehen zwei Ostfriesen an einem ausgetrockneten Flussbett entlang.
Heintje: »Wo kommt denn der ganze Kies im Flussbett her?«
Piet: »Den hat der Fluss mitgebracht.«
Heintje: »Aha! Und wo ist der Fluss jetzt?«
Piet: »Ist doch klar, Kies holen.«

☺

Sagt Celine zu ihrer Freundin Kathrin: »Du, ich esse jeden Morgen ein geschlagenes Ei!«
Darauf Kathrin lächelnd: »Und ich eine geschlagene Stunde!«

☺

Die Operndiva ist erstaunt: »Wie unterschiedlich die Menschen doch auf meine Musik reagieren. Als ich heute zu Hause eine Arie sang, warf ein Mensch mir einen Stein ins Fenster und ein anderer rief nahezu gleichzeitig ganz laut Bravo!«

☺

Zwei Jungs im Religionsunterricht.
Fabian: »Lukas, kennst du den Nachnahmen von Josef, dem Vater von Jesus?«
Lukas: »Nein!«
Fabian: »Floh hieß der. Steht schon in der Bibel: Josef Floh aus Nazaret.«

☺

»Herr Doktor, kann ich auch Ananas essen?«
»Das können Sie, aber nicht zu viele.«
»Das ist gut, ich mag sie sowieso nicht.«

☺

Evelyn, eine Prostituierte aus der Stadt, hat eine Panne mitten in den bayerischen Alpen. Nach Stunden kommt ein Bauer mit dem Traktor vorbei. Er verspricht, sie abzuschleppen, sie übernachten zu lassen und am nächsten Morgen zu einer Werkstatt zu bringen, wenn sie dafür mit seinen beiden unerfahrenen Söhnen Herbert und Hubert ins Bett geht. Sie willigt ein. Abends steigt sie zum älteren Sohn Herbert ins Bett und sagt: »So, nun werde ich dir die Freuden der Liebe zeigen. Aber vorher ziehst du dieses Kondom über, ich will ja nicht schwanger werden!« Er zieht es über, und es wird eine traumhafte Nacht. Danach geht sie zu Hubert und macht's genauso: Erst das Präservativ überziehen, dann geht's los. Drei Wochen später stehen die Söhne auf dem Feld und pflanzen Kartoffeln.

Der ältere: »Du, Hubert, sog a moi, juckt's bei dir a aso?«

Der jüngere: »Jo, arg!«

Der ältere wieder: »Woast, mir is egal, ob die schwanger werd oder neda! Ich zieh des Ding jetzt ab …«

Otto kauft sich bei einem Züchter einen riesigen Hirtenhund. Er fragt vorsichtshalber noch den Züchter: »Dieser Hund mag doch auch Postboten, oder?«
»Oh ja, das dürfte kein Problem sein«, versichert ihm der Züchter, »aber billiger kommen Sie natürlich mit Hundekuchen!«

☺

Auf die Frage, warum das junge Glück so wenig Besuch zu Hause empfange, antwortet der Ehemann: »Meine Frau, die Ulrike, hat alle Gäste in die Flucht gekocht!«

☺

»Weißt du, was mir gestern passiert ist?«, sagt der eine Schwule zum anderen.
»Mir ist ein Kondom geplatzt!«
»Im Ernst?«
»Ne, im Guido!«

Elf Fußballer auf dem Fundamt.
Fragt der Schalterbeamte: »Was wollt ihr denn?«
»Wir haben ein Spiel verloren!«
»Könnt ihr es beschreiben?«

☺

»Unser Lehrer ist sehr fromm«, erzählt Sven daheim.

»Wieso sehr fromm?«, interessiert sich der Vater.

»Bei den meisten Antworten, die ich gebe«, berichtet Sven, »schlägt er die Hände zusammen und sagt: Oh Gott, oh Gott!«

☺

Ein Dackel und ein Elefant gehen durch die Wüste. Der Hund läuft immer im Schatten des Elefanten. Plötzlich stoppt der Hund und sagt: »Du, wenn es dir zu heiß wird, können wir auch mal tauschen!«

☺

Ein zum Tode Verurteilter wird morgens um sechs Uhr geweckt.

»Haben Sie noch einen letzten Wunsch?«

»Ja, ich möchte so gerne eine Tasse Tee trinken.«

»Milch und Zucker?«

»Sind Sie wahnsinnig, ich bin Diabetiker!«

☺

Wolfgang und Tobias, unterwegs zum Volksfest, wollen unterwegs noch Tobias' Eltern anrufen.
Da sagt Tobias: »Jetzt habe ich die Telefonnummer doch glatt vergessen!«
Darauf Wolfgang: »Streng dich doch ein bisschen an. Weißt du sie nicht wenigstens ungefähr?«

Was ist der Unterschied zwischen einem Bein- und einem Einbruch?
Nach einem Beinbruch muss man drei Monate liegen, nach einem Einbruch nur drei Monate sitzen!

Der junge Opernsänger kommt zum Theaterarzt und jammert: »Herr Doktor, ich weiß mir wegen meiner Fettleibigkeit nicht mehr zu helfen. Bei zwei Ärzten war ich schon, bevor ich in dieser Stadt engagiert wurde. Der eine sagte, ich solle viel zu Fuß gehen. Der andere meinte, ich solle zur Kur nach Bad Staffelstein. Was wäre denn nun wirklich für mich das Beste?«
Theaterarzt: »Mein Lieber, gehen Sie zu Fuß nach Bad Staffelstein!«

Zwei Buchautoren treffen sich auf der Frankfurter Buchmesse.
Sagt der eine zum anderen: »Guten Tag, Herr Kollege, ich habe Ihr Buch gelesen.«
Der andere, sichtlich geschmeichelt, fragt zurück: »Mein letztes?«
»Das hoffe ich sehr!«

Das Fußballspiel war entsetzlich.
Da schimpft der Mittelstürmer: »Der Schiedsrichter ist schuld! Ich tret ihn in den Hintern!«
Meint der Trainer: »Lass das, den triffst du ja auch nicht!«

☺

Bauer Heiner rennt in die Metzgerei und bestürmt den Ladeninhaber: »Auf der Straße draußen hat ihr Sohn mit einem Stein nach mir geworfen und mich fast getroffen.« Der Metzger lässt sein Hackebeil sinken: »Er hat nicht getroffen?«
»Es ging knapp daneben.«
»Dann war es nicht mein Sohn!«

☺

Peter Sonnleitner fegt mit 150 Sachen beim Ab-
fahrtslauf die Piste runter. Als er wieder aufwacht,
liegt er in einem weichen Bett, und ein alter Mann
mit weißem Lockenbart beugt sich über ihn.
»Was ist passiert?«, fragt der Karlo grübelnd.
»Du hattest einen Unfall, mein Junge!«
»Und was soll ich noch mit dem Skistock in der
Hand?«
»Das ist kein Skistock. Das ist eine Querflöte,
mein Engel«, erklärt der bärtige Mann.

☺

»Ach ...«, seufzt eine alte Dame, »die Jugend ist
heutzutage viel verdorbener als noch zu unserer
Zeit. Und es wird immer schlimmer!«
»Stimmt«, bestätigt die Freundin, »jetzt müsste
man jung sein!«

☺

Der Lehrer zu Ferdinand: »Kannst du mich eigentlich nicht einmal grüßen, wenn du zur Tür herein-
kommst?«
Darauf Ferdinand: »Klar doch, Herr Lehrer, von
wem?«

☺

»Ihr Hund hat also den Briefträger gebissen?«, fragt der Anwalt.

Herr Schneider: »Aber der Bonzo, der tut doch keiner Fliege was!«

Darauf der Anwalt: »Das mag schon sein, aber Fliegen sind ja bekanntlich auch schneller als Briefträger.«

☺

Eine ältere Prostituierte steht vor Gericht. Der Richter weiß nicht, welche Strafe er ihr verpassen soll. Er ruft einen befreundeten Kollegen an: »Was würden Sie einer sechzigjährigen Prostituierten geben?«

»Ich? Höchstens zwanzig Euro!«

☺

Fragt die Kindergärtnerin den kleinen Oliver: »Was hast du denn zum Geburtstag bekommen?«

Der Junge: »Das Gleiche wie letztes Jahr: eine Steinschleuder, einen Ball und einen Bumerang.«

»Komische Geschenke«, wundert sie sich.

Darauf der Oliver: »Nö, Fräulein, überhaupt nicht! Mein Papa ist von Beruf Glaser!«

Völlig abgekämpft und verschwitzt hetzt Siggi auf Gleis 7, stürzt auf den Bahnhofswärter zu und fragt: »Werde ich den Zug nach Frankfurt noch schaffen?« Der Bahnhofsvorsteher blickt auf die Uhr, wendet sich wieder Siggi zu, mustert ihn von oben bis unten und sagt: »Hängt von deiner Kondition ab. Abgefahren ist der Zug bereits vor zwei Minuten!«

»Denk dir nur, Heidrun, heute hatte ich meine erste Reitstunde!«
»Das musst du mir genauer erzählen, komm setz dich!«
»Geht nicht!«
»Warum nicht!«
»Weil ich heute meine erste Reitstunde hatte!«

Treffen sich zwei Fußbälle.
Sagt der eine: »Warum fliegst du denn, statt zu hüpfen?«
Antwortet der andere: »Ich habe mich zur Frisbee umschulen lassen.«

☺

»Wie heißt das erste Auto der Welt?«
»FORD!«
»Schon in der Bibel hieß es: Adam und Eva trieben
es in einem FORD!«

☺

Zwei Frauen sprechen über den Gartenzaun
hinweg über den vergangenen Abend. »Hast du
dich gestern im Theater unterhalten gefühlt?«,
fragt die eine.
»Na, wann denn?«, entrüstet sich die andere.
»Das Stück hatte nur eine einzige Pause und das
auch nur zehn Minuten!«

☺

Cora sitzt in der ersten Klasse und will das Rechnen nicht begreifen, obwohl sich der Lehrer schon
allerlei Mühe gegeben hat. »Schau mal, Cora«, beginnt er von vorne, »ich schenke dir heute zwei
Goldhamster und morgen schenke ich dir nochmals zwei. Wie viele Goldhamster hast du dann?«
»Fünf«, behauptet Cora.
»Wieso denn fünf?«, stöhnt der Lehrer.
»Na, einen habe ich doch schon selbst daheim.«

☺

Familie Schnöring aus Hamburg ist nach Bayern gezogen. Sie verstehen sich sehr gut mit den Einheimischen, nur eine Nachbarin schimpft: »Eingebildet sind diese Leute, wirklich eingebildet. Da haben sie in der Diele ein Schild hängen, da steht drauf: Ohne Fleiß kein Preiß.«

☺

»Weißt du, wie lange Hunde leben?«
»Wahrscheinlich genauso wie kurze!«

☺

»Frau Limmer, Sie bestreiten also nicht, Ihren Mann während der Fußballübertragung erschossen zu haben?«
»Nein, Herr Richter.«
»Was waren seine letzten Worte?«
»Schieß doch! Schieß doch endlich, du alte Pfeife.«

☺

Die Lehrerin zum Schüler: »Was ist die Zukunftsform von ›Ich klaue ein Fahrrad‹?«
»Ich komme ins Gefängnis!«

Auf die Frage, was er mit dem Irak machen wolle, wenn der Krieg gewonnen sei, antwortete George W. Bush: »Wir werden den Irak in drei Teile aufteilen: In Super, Super Plus und Diesel.«

Der Arzt empfiehlt seinem Patienten, jeden Morgen auf nüchternen Magen ein Glas lauwarmes Wasser zu trinken.

»Dazu habe ich keine Zeit, Herr Doktor«, sagt der Patient.

»Wieso denn nicht? Das ist doch eine Sache von Sekunden!«

»Das kann schon sein, aber bis ich mich dazu entschließe, dauert es mindestens eine halbe Stunde.«

Unterhalten sich zwei kleine Mädchen der ersten Klasse.

Sagt die eine: »Der Papst hat sich für ein Verbot der Antibabypille eingesetzt.«

Fragt die andere errötend: »Was ist denn das, ein Papst?«

☺

Das junge Ehepaar ist in England, in Stratford-upon-Avon, der Stadt Shakespeares, eingetroffen. Im Hotel sind alle Zimmer nach den Werken des großen Dramatikers benannt.

Die Dame am Empfang schaut auf ihren Plan und meint: »Wir haben noch die Zimmer ›Ein Sommernachtstraum‹ und ›Die lustigen Weiber von Windsor‹ frei.«

Mit einem Seitenblick auf ihren Gatten sagt die Ehefrau: »Wenn's noch frei ist, können Sie uns das Zimmer ›Viel Lärm um nichts‹ geben?«

Eine Politesse regelt auf einer Kreuzung den Verkehr. Plötzlich merkt sie, dass sie ihre Tage bekommt, und verlangt über Funk nach Ablösung. Nach Stunden erscheint ein Kollege, total betrunken. Sie meckert: »Wieso kommst du erst jetzt? Und dann auch noch betrunken!«

Der lallt: »Weißt du, auf der Wache hat sich schnell herumgesprochen, dass du deine Tage bekommen hast. Da hat erst der Jürgen einen ausgegeben, dann der Heinz, der Olli, der Richard und schließlich ich auch noch.«

☺

Lutz, Max und Timo sind zum Vaterschafts-
prozess vorgeladen.
Lutz: »Ich habe eine prima Idee: Wenn wir alle
die Vaterschaft anerkennen, kann uns gar
nichts passieren!«
Die beiden anderen stimmen begeistert und
erleichtert zu.
Als Erster muss Lutz vortreten.
»Erkennen Sie die Vaterschaft an?«
»Jawohl, Herr Richter!«
»Wunderbar, die Verhandlung ist hiermit be-
endet.«

☺

Zwei rüstige Damen bei einer Gesangseinlage der
Gastgeberin.
»Hat hier jemand um Hilfe gerufen?«, flüstert die
eine der anderen zu.
»Vermutlich Mozart!«, meint die andere.

Verzweifelt kniet der Dompteur mit dem erlosche-
nen Feuerring vor dem Löwen und schimpft: »Du
sollst springen und nicht pusten!«

☺

Nils aus Essen kommt das erste Mal nach Wuppertal und sieht die Schwebebahn: »Wow, fliegende Busse! Super Stadt! Hier bleib ich!« Gesagt, getan. Als Erstes braucht er eine Bleibe. Also geht er zu einer Zeitung, gibt eine Annonce auf, am nächsten Tag bekommt er ein Angebot: 95 Quadratmeter, 400,– Euro warm. »Wow, Wuppertal! Fliegende Busse, billige Wohnungen. Jetzt nur noch ein Job.« Er geht wieder zur Zeitung, gibt eine Annonce auf. Am nächsten Tag bekommt er einen Job: wenig Arbeit, viel Geld. »Wow, Wuppertal! Fliegende Busse, billige Wohnungen, tolle Jobs. Jetzt nur noch 'ne Freundin.« Gesagt, getan. Wieder zur Zeitung, Anzeigenannahme: »Ey, ich möcht gern 'ne Bekanntschaftsanzeige aufgeben, um'n Mädel kennenzulernen.«

»Ja, gerne, einspaltig oder zweispaltig?«

»Wow, Wuppertal!«

☺

Drei schwule Männer überfallen eine Lesbe. Was tun sie mit ihr?

Zwei halten sie fest, und der dritte macht ihr die Haare.

☺

»Bei uns ist letzte Nacht eingebrochen worden«, erzählt Markus in der Kneipe.
»Nein, so was! Hat man den Einbrecher denn erwischt?«, fragt sein Kumpel Stefan.
»Oh ja! Der arme Kerl liegt im Krankenhaus, meine Frau hat gedacht, ich sei es!«

☺

»Nun beweise mir mal, warum die Erde rund ist und sich um sich selbst dreht«, fordert der Lehrer den Hansi auf.
Darauf er: »Entschuldigen Sie, Herr Lehrer, aber das habe ich nie behauptet!«

☺

Felix Pawolsky, Fußballprofi, steht in Vertragsverhandlungen mit einem Spitzenclub der spanischen Liga. Seine Gehaltsvorstellungen: 3,8 Millionen Euro im Jahr.
Fragt der Manager: »Wollen Sie 3,8 Millionen brutto oder netto?«
Darauf der Fußballer: »Kommt drauf an, wo mehr dabei rausspringt?«

Westerwelle ist auf einem Gipfeltreffen in Kenia und sitzt direkt neben dem kenianischen Präsidenten. Während dem Essen will er sich mit dem Gastgeber unterhalten, also deutet er auf das Glas des Kenianers und fragt ihn: »Gluck-Gluck gut?« Der Kenianer nickt. Um die Unterhaltung nicht sterben zu lassen, zeigt Guido anschließend auf den Teller und fragt den Gastgeber: »Ham-Ham auch gut?« Der Kenianer nickt. Nach dem Essen steht der kenianische Präsident auf und hält eine Rede in reinstem Hochdeutsch. Danach setzt er sich wieder und fragt Guido: »Bla-Bla gut?«

Zwei Irre gehen im Regen spazieren. Die Sonne bricht durch die Wolken. Ein herrlicher Regenbogen entsteht.
Eine Zeit lang schauen sie den Regenbogen an, dann sagt der eine:
»Schön, gell?«
Antwortet der andere:
»Ach, was! Ich find's nur ärgerlich. Für so was haben sie Geld, aber uns lassen sie nicht studieren.«

»Mein Gott, Herr Sandner«, ruft der zerstreute Oberarzt, »haben Sie sich verändert! Man kennt Sie ja kaum wieder! Graue Haare haben Sie bekommen, einen Bart tragen Sie, und dicker sind Sie auch geworden!«

»Aber ich heiße doch gar nicht Sandner«, sagt der Mann befremdet.

»Was?«, ruft der Arzt. »Sandner heißen Sie auch nicht mehr?«

☺

Beim Examen wird der Jurist gefragt: »Was ist die Höchststrafe für Bigamie?«

Er antwortet siegessicher: »Zwei Schwiegermütter, Herr Professor!«

☺

Kommt ein Bayer zur Quizsendung ›Wetten Dass‹ und bietet Thomas folgende Wette an: Wetten, dass ich es schaffe, mit meiner Zahnbürste innerhalb von 10 Minuten 25 Österreicher zu erschlagen.

Meint Thomas: »Das ist eine sehr gute Wette. Aber was machen Sie, wenn es nicht klappt?«

Sagt der Bayer: »Dann nehme ich einen Spaten.«

Leo erzählt seinen Kumpels von der Hochzeits-
reise: »Plötzlich wurde ich mitten in der Wüste von
Arabern eingekreist. Vor mir Araber, hinter mir
Araber ...«
Darauf einer der Freunde entsetzt: »Und, was hast
du gemacht?«
»Ich habe den Tee getrunken!«

Was sagt eine Ratte, kurz bevor ein Auto sie er-
wischt?
»Hilfe ...«
Was sagt ein Hund, kurz bevor ein Auto ihn trifft?
»Hilfe ...«
Was sagt ein Elefant, kurz bevor ein Auto ihn
trifft?
»Komm schon, Baby!«

Gast zum Kellner: »Der Schaumwein schäumt
ja gar nicht!«
Kellner zum Gast: »Ach nee, miaut etwa ein
Katzenklo?«

☺

Was ist 15 Zentimeter lang und wird von den Frauen verehrt?
Ein Hundert-Euro-Schein.

☺

»Das geht zu weit!«, schreit der Chef. »Sie schlafen ja am Arbeitsplatz.«
Die Sekretärin antwortet mit noch leicht schlaftrunkener Stimme: »Was regen Sie sich auf? Sie haben mir doch den Traumjob angeboten.«

☺

»Du kommst heute schon wieder zu spät zum Unterricht!«, schnauzt der Lehrer Fridolin an. »Hast du denn keinen Wecker?«
»Doch, aber wenn der klingelt, schlafe ich immer noch.«

☺

Nach der Blindarmoperation sagt der Arzt zum frisch operierten Lukas Podolski: »Ich muss Sie leider noch einmal aufschneiden, ich habe meine Gummihandschuhe in Ihrem Bauch vergessen!«
Darauf der Kicker ganz lässig: »Wissen Sie was, hier haben Sie zehn Euro. Kaufen Sie sich ein Paar neue!«

☺

Dank seiner Heirat war Joschka Fischer wohl der einzige Grüne, der sich noch an das Rotationsprinzip hielt!

☺

Der niedergeschlagene Ehemann leert den dritten Doppelten. »Was ist denn mit dir los?«, fragt sein alter Freund. »Ach weißt du«, stöhnt der Ehemann, »ich komme gestern Abend nach Hause, läute, die Tür wird geöffnet, der Flur ist dunkel, ich denke, es ist unser Mariechen und will sie küssen.« Der Ehemann seufzt. »Na und?«, fragt der Freund. »Na und? Es war nicht Mariechen, es war meine Frau. Sie stößt mich sanft von sich und sagt: Bitte nicht jetzt, Liebling, mein Mann muss gleich kommen.«

☺

Fritz zu seinem Kumpel Horsti: »Ich wette mit dir, dass ich mindestens zehn Seiten vom Münchner Telefonbuch auswendig kann!«
»Na, das will ich aber mal hören«, meint sein Freund ungläubig. »Fang an!«
»Also, Schneider, Schneider, Schneider …«

☺

»Ich hab's an der Leber, Herr Doktor.«
»Dann ziehen Sie sich mal aus.«
»Ach, Sie glauben mir wohl nicht?«

☺

Malermeister Tupfer kommt von der Spätschicht
nach Hause, ist unheimlich spitz und freut sich
auf seine Frau. Er schleicht ins Schlafzimmer,
sieht seine Frau im Bett liegen, schmeißt seine
Klamotten in die Ecke, kriecht unter die Decke
und … wow, echt nicht schlecht! Nach vollbrach-
ter Tat, braucht er dringend eine Zigarette, und
Lust auf ein Schnäpschen hat er auch. Er geht in
die Küche und – dort sitzt seine Frau.
»Berta, was machst du denn hier! Wieso bist du
nicht im Bett?«
»Ach so, da liegt Oma, der ging es heut nicht so
gut!«

☺

»Deine Tochter Bernadette war doch im Urlaub
auf Ibiza, hat sie denn auch ein Souvenir mitgebracht?«
»Ja, morgen wird Anna getauft.«

☺

Ruft ein Mann bei der Rheinischen Morgenpost an: »Ich bin soeben Vater von Sechslingen geworden!«
Der Redakteur glaubt, sich verhört zu haben. Um sich zu vergewissern, fragt er: »Könnten Sie das bitte nochmal wiederholen?«
»Wo denken Sie hin«, schreit der Vater ins Telefon, »was sollen wir denn mit zwölf Kindern?«

☺

»Ich brauche neue Unterhosen.«
»Lange?«
»Ich will sie kaufen, nicht mieten.«

☺

»Du Papa, ist der Weihnachtsmann schwul?«
»Wie kommst du denn darauf?«
»Na, würdest du etwa einen roten Mantel mit Fellbesatz tragen?«

☺

Welche Mausefalle hat fünf Buchstaben?
Die Katze.

☺

Ein Schweizer, ein Schwabe und ein Berliner sitzen in einem Zugabteil. Der Schweizer wendet sich an den Berliner mit der freundlichen Frage: »Sind Sie scho in Züri gsi?« Da der Berliner mit dem letzten Wort nichts anfangen kann, greift der Schwabe hilfreich ein: »Er moint gwää!«

☺

Zwei Playboys unterhalten sich: »Was verbraucht denn dein Sportwagen?«
»Na, so zehn bis zwölf Mädchen die Woche!«

☺

Der Ehekrach bei Osterleins ist in vollem Gange. Ruft sie wütend: »Du hättest FDP-Politiker werden sollen.«
»Was soll denn das heißen?«
»Weil du nicht weißt, was du willst, und wenn du etwas willst, dann kannst du es nicht durchsetzen!«

☺

Der Lehrer fragt: »Wo wurde der Vertrag von Versailles unterschrieben?«
Nach längerem Nachdenken antwortet Sepp: »Ich denke, unten rechts!«

Treffen sich zwei Freunde auf der Straße. Sagt der eine: »Mensch du – ich habe gehört, deine Schwiegermutter ist gestorben. Sag mal, was hat sie denn gehabt?« – »Och, ein bisschen Schmuck, einen Fernseher und etwas Gespartes.« – »Ach Schmarrn – so meinte ich das doch nicht. Ich meine, was hat ihr denn gefehlt?« – »Na ja, eine anständige Altersversorgung, Sparbücher, Eigentümer.« – »Mann – das mein ich doch auch nicht. Ich wollte wissen, warum sie gestorben ist!« – »Ach so. Tja – das lief ganz dumm. Ich sagte zu ihr, sie soll mal in den Keller gehen und Kartoffeln raufholen. Dabei ist sie auf der Treppe ausgerutscht und hat sich das Genick gebrochen.« – »Ja Wahnsinn, ehrlich. Und? Was habt ihr dann gemacht?« – »Kartoffelbrei.«

Sagt der Arzt zu Paule, dem hoch dotierten Bundesligaspieler: »Sie haben vor einer Woche ein Zwei-Euro-Stück verschluckt, und Sie kommen erst jetzt zu mir?«
Meint Rudi trocken: »Naja, so nötig habe ich das Geld nun auch wieder nicht!«

☺

»Und von dieser Tinktur nehmen Sie jeden Morgen drei Tropfen in die Augen!«
»Nüchtern, Herr Doktor?«

☺

»Wie komme ich denn von hier am schnellsten ins Krankenhaus?«, fragt Herr Talmaier einen Passanten.
Erklärt dieser: »Am besten Sie überqueren hier die Straße, dann werden Sie sogar mit Blaulicht hingefahren!«

☺

Karl will sein bestes Stück versichern. Die 200 Euro Jahresprämie sind ihm aber zu teuer. Er erkundigt sich daraufhin bei der Konkurrenz.
»Selbstverständlich haben wir für Sie etwas im Angebot. So eine Versicherung kostet gerade mal 20 Euro«, erklärt ihm der Vertreter.
»Das ist aber ganz schön billig, denn bei der Konkurrenz kostet es das Zehnfache«, wundert sich Karl.
»Wir sind wegen der 15 Zentimeter Selbstbeteiligung so günstig«, antwortet der Vertreter.

»Mir reicht's jetzt hier in Deutschland. Ich hau ab nach Australien!«, erzählt Moritz seinem Kumpel Franz.

Als der sich wundert, erklärt Moritz: »Es ist wegen der Homosexualität. Erst gab es dafür die Todesstrafe, dann Zuchthaus, danach Gefängnis und jetzt ist sie straffrei. Bevor sie Pflicht wird, wandere ich lieber aus!«

☺

Wie unterscheidet man einen Pianisten von einem Maikäfer?
Pianisten haben nur einen Flügel.

☺

Zwei Freunde auf dem Fußballplatz.
»Wohin fährst du in Urlaub, Bernd?«
»Ich dachte, ich fahr dieses Jahr mal nach Sicht!«
»Sicht? Noch nie gehört. Wo liegt denn das?«
»Das würde mich auch interessieren. In den Nachrichten ist immer zu hören: Schönes Wetter in Sicht!«

☺

Zwei Polizisten unterhalten sich über guten Sex. »Einen Wahnsinnsorgasmus bekomme ich, wenn ich so vorgehe: Meine Frau kniet vor mir, und ich halte in der rechten Hand meine Pistole. Kurz bevor ich komme, schieße ich viermal in die Luft. Dabei erschreckt sich meine Frau so, dass die Post abgeht«, erklärt der eine. Der andere Polizist ist erregt und geht sofort nach Hause, um diesen Trick auszuprobieren. Am nächsten Tag treffen sich die beiden wieder.

»Und wie war es bei dir?«, fragt der eine.

Sein Kollege winkt ab und sagt: »Frag mich bloß nicht. Ich bin nach Hause gekommen und habe meine Dienstwaffe gezückt. Dann habe ich mit meiner Frau in der 69er-Stellung angefangen. Kurz bevor ich gekommen bin, habe ich viermal in die Luft geschossen.«

»Ja, und dann?«, fragt sein Kollege gespannt.

»Sie hat mir voll in mein bestes Stück gebissen, und aus dem Schrank kam mein Nachbar mit erhobenen Händen.«

Woran erkennt man eine Golf-Automatik?
Daran, dass der Fahrer zusätzlich noch das linke Bein aus dem Fenster hängen lässt!

☺

Helmut ist auf Reisen und kommt an einem Teppichladen vorbei. Vor der Ladentür steht ein Araber und klopft gerade einen seiner Teppiche sauber. Darauf Helmut freundlich: »Kann ich helfen, springt er nicht an?«

☺

In einem Restaurant ärgert sich Frau Viersen aus Norddeutschland über einen Bayern, der am selben Tisch sitzt und ein Hendl mit beiden Händen isst. Schließlich kann sie nicht mehr an sich halten: »Bei uns zu Hause nimmt man beim Essen die Gabel in die linke und das Messer in die rechte Hand.«
Verwundert fragt der Bayer zurück: »Und mit wos nehman dann Sie des Hendl, wenn i froga derf?«

☺

Die Lehrerin erklärt der 3. Klasse, dass man nicht »er tut trinken« sagt, sondern »er trinkt« und dass man auch bei fast allen anderen Verben das »tut« weglässt.
Darauf meldet sich Simone und sagt: »Frau Lehrerin, darf ich nach draußen? Mein Bauch weht ...«

☺

Ein indianischer Medizinmann hat bei einem Deutschland-Besuch auch einmal bei einem Fußballspiel zugesehen. Ein Begleiter erklärt Bedeutung und Geschichte des Sports. Als der Medizinmann später wieder heimkommt, erzählt er: »Fußball ist schon richtig toll. Da laufen zweiundzwanzig Männer über eine große Wiese, treten eine Lederkugel und schon zwanzig Minuten später fängt es an zu regnen ...!«

☺

Zwei Fußballer rivalisierender Stadtvereine sitzen nervös im Wartezimmer der Entbindungsstation eines Krankenhauses. Endlich kommt eine Schwester und geht auf einen von ihnen zu. »Ich gratuliere Ihnen, Sie haben einen Sohn bekommen!« Darauf steht der andere entrüstet auf und zetert: »So geht das nicht! Ich war vor dem hier!«

☺

Geht ein Mann durch die Wüste. Sieht er einen Brunnen und ruft: »Wasser, Wasser!« Kommt einer aus dem Brunnen und ruft: »Wo, wo?«

☺

Der junge Arzt zu Herrn Mandelmann: »Also Fieber, sagen Sie? Halsweh, Gliederschmerzen … Was machen wir denn da mit Ihnen?«
Der Patient: »Vielleicht gehen wir mal zusammen zu einem erfahrenen Arzt.«

☺

»Was machen Sie denn mit Ihrem Lottogewinn?«, wird der 90-jährige Hubert von Reportern gefragt.
Seine Antwort: »Die Kohle leg ich mir fürs Alter zurück!«

☺

Schild im Kaufhaus: Auf der Rolltreppe müssen Kinder getragen werden!
Stöhnt ein älterer Herr: »Wo bekomme ich denn jetzt ein Kind her?«

☺

Welches Tier ist das fröhlichste?
Das Pferd, es veräppelt die ganze Welt.

☺

Ein Mann trifft zufällig seine Exfrau auf der
Straße. Sie beschließen, in eine Bar zu gehen.
»Weißt du was, gestern war ich mit einer Frau
zusammen, und ich musste immer an dich
denken.«
»Warum? Etwa, weil du mich vermisst?«
»Nein, damit ich nicht zu früh komme.«

☺

Der Gatte: »Der Arzt hat mir gute Seeluft ver-
ordnet.«
Die Ehefrau: »Gut, dann häng ich dir einen salzigen
Hering vor den Ventilator!«

☺

Als Max wieder einmal zu spät kommt, tadelt ihn
der Lehrer dafür. Darauf Max: »Wieso denn das?
Sie sagten doch selbst: ›Zum Lernen ist es nie zu
spät!‹«

☺

Zwei stolze Pinguineltern warten drauf, dass ihr
Baby das erste Wort spricht.
Der Pinguinvater: »Bestimmt sagt es Vati!«
Die Pinguinmutter: »Bestimmt sagt es Mutti!«
Darauf das Kleine: »Verdammte Scheißkälte!«

☺

Trainer Jogi Löw, der bereits seit mehreren Wochen mit einer unangenehmen Angina zu kämpfen hat, geht zum Arzt: »Herr Doktor, die Pillen, die Sie mir verschrieben haben, haben doch bestimmt schlimme Nebenwirkungen. Denken Sie an die WM!«
Erwidert der Arzt: »Für die Nation schon. Sie können in zwei Tagen wieder mit dem Training beginnen!«

☺

Merkel weiht einen Staudamm ein: »Und hiermit möchte ich allen danken, die durch selbstlose Arbeit den Bau dieses Staudammes möglich machten. Danke auch an die vielen Matrosen!«
Ihre Sekretärin leise: »Frau Merkel, Matrosen sind quergestreift …«

☺

Steht eine mollige Frau vorm Spiegel und sagt: »Spieglein, Spieglein an der Wand, wer ist die Schönste im ganzen Land?«
Darauf der Spiegel: »Geh mal ein bisschen zur Seite, ich seh ja gar nichts!«

☺

Was sucht ein Schwuler in Hannover?
Seinen Ex-Po!

☺

Dr. Ferdel zum Patienten: »Sie sind Ihre Erkältung ja immer noch nicht losgeworden. Haben Sie denn meinen Rat überhaupt nicht befolgt, ein heißes Bad und einen Kräutertee zu sich zu nehmen?«

»Schon, Herr Doktor, aber als ich die Badewanne leer getrunken hatte, bekam ich den Tee einfach nicht mehr hinunter …«

☺

Paul und seine Eveline gehen in eine Galerie. Sie sind ganz hin und weg von den Werken des Bildhauers. Da sagt Paul: »Sagen Sie, Meister, wie haben Sie denn diese herrliche Figur nur geschaffen?«

»Nun, ich habe sie aus einem Steinblock geschlagen!«

»Und woher wussten Sie, dass sie da drin war?«

☺

In Ostfriesland ist es seit Januar Pflicht, beim Motorradfahren eine Strickmütze zu tragen. Der Grund: Man hat einen Sicherheitstest durchgeführt und eine Mütze und einen Sturzhelm aus 30 Metern Höhe auf die Straße fallen lassen, und die Strickmütze blieb erstaunlicherweise ganz!

☺

Berti auf der Post: »Eine Briefmarke zu 80 Cent.«
»Bitte sehr.«
»Und was kostet die?«
»80 Cent.«
»Dann stimmt es also doch gar nicht, was immer behauptet wird: Die Post werde immer teurer!«

☺

»Wir haben unseren Jungen Samstag getauft«, erzählt ein Gast in der Kneipe einem anderen.
»Was für ein blöder Name!«, kontert dieser.

☺

»Eins muss ich sagen, mein Mann hat aber auch wirklich immer Glück! Gestern versichert er sich noch gegen Unfall und schon heute wird er überfahren!«

☺

Das Ehepaar Huber genießt den gediegenen Konzertabend. Der hochgewachsene Pianist sitzt mit dem Rücken zum Publikum.
Flüstert die Gattin ihrem Mann zu: »Ist das Chopin, Schatz?«
»Liebes, ich bin nicht sicher«, sagt ihr Mann, »warte doch ab, ob er sich vorstellt!«

»Der Main ist besser als Viagra.«
»Wieso?«
»Meine Uhr fiel vor zwei Wochen rein, ich hab sie jetzt rausgefischt und sie steht immer noch!«

»Christoph, was hatten wir denn gestern auf?«, fragt die Deutschlehrerin.
Der Junge überlegt kurz und sagt dann: »Sie gar nichts, und ich eine Pudelmütze.«

Sagt Frau Kiensle zur Verkäuferin: »Ich hätte gern zehn Kilogramm Birnen! Aber geben Sie mir ruhig die kleineren, ich darf nicht so schwer tragen!«

☺

Jesus, Drewermann und der Papst sitzen in einem Paddelboot auf einem See. Der Papst redet und redet und redet. Nach einer Stunde wird es Jesus zu bunt. Er schreitet übers Wasser, setzt sich ans Ufer und schweigt. Nach einer weiteren Stunde schreitet auch Drewermann übers Wasser und setzt sich neben ihn. Der Papst redet noch eine Weile weiter, doch dann sieht er die andern am Ufer, setzt an, zu ihnen hinüberzuschreiten, fällt jedoch ins Wasser und ertrinkt.
Nach ein paar weiteren Minuten des Schweigens sagt Jesus: »Vielleicht hätten wir ihm sagen sollen, wo die Pfähle stehen.«
Darauf Drewermann: »Welche Pfähle?«

Simon und Theo stehen auf einer Brücke und denken sich kleine Gedichte aus. Simon: »Ich stehe hier auf der Brück, und schau den Enten ins Genick.«
Darauf Theo: »Ich stehe auf der Brück, und steck mir den Finger in den Po.«
Sagt Simon: »Aber das reimt sich doch gar nicht!«
Darauf Theo: »Aber es dichtet!«

☺

Der Ascona-Fanclub hat beschlossen, jeden Sommer in Ascona ein Treffen zu veranstalten. Der Monza-Fanclub hat beschlossen, jedes Jahr in Monza ein Treffen zu veranstalten. Nur die Manta-Fahrer suchen immer noch vergeblich das angeblich malerische Städtchen Manta auf der Italienkarte.

☺

»Herr Doktor, ich habe ständig Klingen in den Ohren.«
»Dann sollten Sie sich unbedingt elektrisch rasieren.«

☺

»Herr Bademeister, Herr Bademeister, da zerfleischt ein Hai ein Mädchen!«
Darauf der Bademeister: »Ja, ja, das machen die ...«

☺

Ein Holzwurm auf dem Arbeitsamt: »Ich möchte umschulen auf Kunststoff! Die Zeiten haben sich geändert.«

☺

Sagt Siglinde zu ihrer Freundin Uli: »Mein Mann will morgens, mittags, abends und auch nachts immer das Gleiche!«
Sagt Uli: »Das ist schrecklich, ich finde das nun wirklich ein bisschen viel!«
Meint Siglinde: »Ja, schon, aber was soll ich machen, er isst nun mal gerne Currywurst.«

☺

»Weißt du eigentlich, Linus, wie eine Viagra-Pille von innen aussieht?«
»Nein, keine Ahnung.«
»Aha, also brauchst du auch schon eine ganze.«

☺

»Der Weg von der Umkleide zum Ring ist aber sehr weit«, schimpft der Boxer.
»Beruhige dich«, sagt der Trainer. »Zurück wirst du doch sowieso wieder getragen.«

☺

Was macht ein Mercedesvorstand am Wochenende?
Nach Schweden fahren und Elche schießen!

☺

Ein kleine Schildkröte möchte gerne ins Kino, doch die Frau an der Kasse sagt: »Schildkröten dürfen nicht ins Kino!« Da war die Schildkröte ganz traurig. Als das Paulchen auch ins Kino gehen wollte, sah er die Schildkröte so geknickt davor sitzen. »Was hast du denn?«, fragt er.
»Ich darf nicht ins Kino«, antwortete sie.
Darauf Paulchen: »Pass auf, ich nehm dich mit.«
Er steckte die Schildkröte vorne in seine Hose hinein und ging mit ihr in die Vorstellung. Während des Films beobachtet ein Liebespärchen Paulchen.
Da sagt das Mädchen zu ihrem Freund: »Du, der neben mir hat seine Hose offen.«
»Na und? Ich auch.«
»Aber dem seiner hängt aus der Hose raus!«
»Na und? Meiner auch!«
»Aber dem seiner futtert meine Popcorn!«

In einer Berliner Kantine: »Warum lernt unser Wirtschaftsminister denn plötzlich Italienisch?«
»Na, weil er mit seinem Latein definitiv am Ende ist!«

☺

In der SPD-Zentrale klingelt Montagmorgen das Telefon. Eine Stimme fragt: »Können Sie mir bitte den neuen CDU-Kanzlerkandidaten nennen?«
Der Angestellte sucht in den Akten, bis ihm eine bessere Lösung einfällt: »Warum rufen Sie nicht einfach in der CDU-Zentrale direkt an, die können Ihnen sofort Auskunft geben.«
Die Stimme in kläglichem Ton: »Hier ist die CDU-Zentrale ...«

☺

Lehrer: »Diana, was kannst du uns über die Inseln im Mittelmeer erzählen?«
»Die Inseln sind alle größer oder kleiner als Malta.«

☺

In der Stadt am Samstagmorgen: »Mein Herr, kaufen Sie ein Los!«
Herr Huber: »Und was kann ich da gewinnen?«
»Eine Weltreise!«
Herr Huber: »Aber ich will doch gar nicht verreisen!«
»Keine Angst, die meisten sind Nieten!«

»Sie sind ein Zauberer?«, fragt der Zirkusdirektor
beim Vorstellungsgespräch.
»Ja, ich zersäge Frauen!«, prahlt der Gefragte.
»Haben Sie denn auch Geschwister?«, will der
Direktor wissen.
Darauf der Zauberer:»Ja, zwei Halbschwestern!«

Zwei Freundinnen im Greisenalter fahren in ihrem
dicken Benz durch die Stadt. Lieselotte sitzt am
Steuer und fährt in aller Ruhe über die erste rote
Ampel. Ihre Freundin Babette ist höflich und sagt
nichts. Bei der zweiten roten Ampel genauso.
Babette wird unruhig. Bei der dritten roten Am-
pel ebenso.
Babette platzt raus: »Aber Lieselotte, du bist jetzt
dreimal durch Rot gefahren …«
Lieselotte: »Ach du dickes Ei, fahre etwa ich?«

Nach dem Sex im Bett.
Sie:»Woran denkst du?«
Er:»Kennst du nicht.«

»Hallo, ist dort der Tierschutzverein? Kommen Sie bitte sofort. Bei mir sitzt ein unverschämter Briefträger auf dem Baum und bedroht meinen Hund Hektor!«

☺

Frau Huber entdeckt im Zimmer ihres 13-jährigen Sohnes ein Sadomaso-Magazin. Ganz entsetzt geht sie zu ihrem Mann und zeigt es ihm. Sie fragt ihn: »Was sollen wir denn bloß jetzt tun?«
Daraufhin antwortet der Vater: »Ich denke, es wäre wohl besser, wenn wir ihm nicht mehr den Hintern versohlen.«

☺

»Herr Doktor, sind Makrelen eigentlich gesund?«
»Das denke ich schon. In meiner Sprechstunde ist jedenfalls noch keine gewesen!«

☺

Nach einer Studie benötigen Männer durchschnittlich zwei Minuten für Sex, aber sieben Minuten, um anschließend einzuschlafen. Das ist äußerst gefährlich: Gerade dann sind die meisten auf dem Heimweg.

☺

Guido Westerwelle, Angela Merkel und Jürgen Trittin kommen in den Himmel. Alle drei haben ihre Partner mit anderen betrogen. Gott will den dreien noch eine letzte Freude bereiten und lässt alle drei im Himmel ein Rennen fahren. Gott: »Guido, du bekommst von mir einen Ferrari, denn du hast deinen Freund nur einmal betrogen. Angi, du bekommst von mir einen Opel, denn du hast deinen Mann fünfmal betrogen, und Jürgen, du bekommst von mir einen Fiat, denn du hast deine Freundin zehnmal betrogen«. Gottes Wille geschehe, und wie dem so ist, fahren Westerwelle, Merkel und Trittin mit ihren Autos ein Rennen. Natürlich kommt der Guido als Erster mit seinem Ferrari an, kurz danach die Angi. Nach einer Weile kommt der Trittin in seinem Fiat an und lacht ohne Pause. Da fragen ihn die beiden anderen, warum er denn so lacht. Darauf antwortet der Trittin: »Ich hab auf dem Weg hierher den Papst gesehen, der gurkt auf einem Dreirad auf der Rennstrecke rum.«

»Weißt du, wer das Leuchtfeuer erfunden hat?«
»Na, das muss ein heller Kopf gewesen sein!«

☺

Im Unterricht erklärt die Lehrerin: »Es gibt Geschöpfe, bei denen die Sinne stärker entwickelt sind als beim Menschen. Wer kann mir zum Beispiel ein Tier nennen, das besser sieht als der Mensch?«

»Die Katze«, weiß Rudi.

»Richtig, und wer riecht besser als der Mensch?«, ist die nächste Frage der Lehrerin.

Darauf der kleine Hannes: »Die Rose.«

☺

»Und? Was hast du gewählt?«

»FDP.«

»Ach, du warst das!«

☺

»Ein anstrengender Film«, seufzt Anja nach dem Kinoabend, »vier Mal musste ich im Kino den Platz wechseln.«

»Wieso das denn«, fragt ihre Freundin Lara, »hat dich jemand belästigt?«

»Ja, aber erst der Vierte.«

☺

Der schüchterne Ludwig sitzt beim Augenarzt.
Der Doktor diagnostiziert: »Ihr Leiden kommt nur
von den Nerven! Ruhe, Ruhe, Ruhe!«
Ludwig schüttelt erstaunt den Kopf und erwidert:
»Aber, Herr Doktor, ich sage ja gar nichts!«

Der kleine Phillip kommt von der Schule nach
Hause und fragt: »Mama, was ist impotent?«
Die Mutter überlegt und erklärt ihm dann: »Das
ist etwa so, wie wenn du mit gekochten Spaghetti
Mikado spielen willst!«

Klingelt der Postbote an der Tür, ein altes Weiblein mit einem langen roten Abendkleid öffnet.
Sie mustert den Postboten, zieht etwas ihren
Ausschnitt herunter, damit der auf ihren runze-
ligen Busen tätowierte Lurch zu sehen ist. Sagt
sie zu dem verdutzten Postboten: »Wenn Sie
erraten können, was das ist, dürfen Sie mit mir
ins Bett gehen.«
Der Postbote antwortet panisch: »Das ist eine
Giraffe!«
Das Weiblein errötend: »Ja, das können wir gel-
ten lassen!«

☺

»Herr Doktor, was soll ich nur tun? Der Sex mit meinem Mann funktioniert nicht mehr so richtig!«

Fragt der Arzt: »Haben Sie schon Viagra probiert?«

»Mein Mann nimmt ja nicht mal Aspirin!«

»Sie müssen das halt im Geheimen machen. Geben Sie das Medikament einfach in seinen Kaffee.«

»Gut, Herr Doktor, ich probiere das mal aus!«

Zwei Tage später kommt die Frau wieder in die Praxis: »Herr Doktor, das Mittel können Sie vergessen. Es war einfach schrecklich!«

»Wieso? Was ist denn passiert?«

»Nun ja, wie geraten habe ich das Medikament in seinen Kaffee getan. Dann ist er plötzlich aufgesprungen, hat mit dem Unterarm alles vom Tisch gefegt und sich die Kleider vom Leib gerissen. Dann ist es auf mich losgestürzt, hat mir auch die Kleidung vom Leib gerissen und mich gleich auf den Tisch gelegt und genommen.«

»Ja, und? War es nicht schön?«

»Schön? Das war der beste Sex seit 20 Jahren, aber bei McDonalds können wir uns jetzt nicht mehr sehen lassen.«

In der Zoohandlung fragt Frau Tietz die Verkäuferin nach einem Halsband für ihren geliebten Vierbeiner.
»Welche Größe?«, will die Verkäuferin wissen.
Frau Tietz hat keine Ahnung, welchen Halsumfang ihr Jango misst.
Meint die Verkäuferin: »Na, dann bringen Sie ihn doch einfach mit!«
Frau Trödel winkt lächelnd ab: »Es soll doch eine Überraschung sein!«

Ludwig stürmt in den Seminarraum der Volkshochschule und stellt fest, dass er leer ist. Außer Atem fragt er den Hausmeister: »Soll hier nicht der Kurs ›Hilfe bei vorzeitiger Ejakulation‹ stattfinden?«
Darauf der Hausmeister: »Der ist um 19 Uhr. Sie sind eine halbe Stunde zu früh gekommen.«

☺

Was essen die Kardinäle, wenn sie einen neuen Papst wählen?
Chili con Klave.

☺

»Sebastian arbeitet seit drei Tagen in einer Brau-
erei«, erzählt Frau Konner stolz ihrer Freundin
Erna.
»Und wie gefällt es ihm da?«
»Keine Ahnung, er war noch nicht wieder zu
Hause.«

☺

»Gehst du denn schon in die Schule?«, fragt der
Onkel seinen kleinen Neffen Herbert.
»Na klar«, erwidert der stolz.
»So, so«, fragt der Onkel weiter, »und was machst
du so in der Schule?«
»Ich warte, bis sie aus ist.«

☺

In der Kanzlei kommt es zu folgendem Dialog.
»Mal ganz ehrlich, haben Sie den Einbruch ver-
übt?«
»Nein, ganz bestimmt nicht, verehrter Herr
Anwalt!«
»Na toll, und wovon wollen Sie mich dann
bezahlen?«

☺

Angela Merkel kommt in den Himmel.
Petrus gibt vor: »Melde dich bei den Putzkolonnen, Angi.«
»Was? Ich als Bundeskanzlerin? Was ist denn der Obama?«
»Der ist Stallbursche.«
»Und Sarkozy?«
»Fegt die Fußwege.«
»Das ist ja entsetzlich. Gibt es denn gar keine Hoffnung?«
»Nicht, solange Strauß in der Schreibstube sitzt!«

Trifft Frau Siebenschlau ihren wortkargen Nachbarn am Gartenzaun: »Gut, dass ich Sie treffe«, meint sie, »ich habe nämlich gewettet, dass es mir gelingt, Ihnen mehr als ein Wort zu entlocken!«
Meint der Nachbar lächelnd: »Verloren!«

»Wenn man so auf dem hohen Gipfel steht und ins Tal blickt«, meint Pius, »dann wird einem erst klar, wie klein man doch ist!«
Darauf der andere Bergsteiger: »Das Gefühl kann ich im Büro billiger haben!«

☺

Der Arzt spricht nach der Untersuchung mit dem Patienten: »Es tut mir leid, aber ich muss Ihnen leider mitteilen, dass Sie sehr krank sind!«
»Was machen Sie denn jetzt mit mir?«
»Ich verschreibe Ihnen einige Schlammbäder.«
»Und das hilft?«
»Nein, aber dann können Sie sich schon einmal an den Erdgeruch gewöhnen.«

☺

Zwei Angler nach einem Tag ohne Fang. Sagt der eine: »Nun kann ich endlich verstehen, warum die Fische nicht anbeißen, die Würmer schmecken ja wirklich furchtbar!«

☺

Zwei Freunde treffen sich nach Jahren wieder.
»Was macht eigentlich deine Tochter Laura?«
»Ach, zurzeit spielt sie häufig Fledermaus.«
»Was soll das denn sein?«
»Nachts flattert sie durch die Gegend, und tagsüber hängt sie nur so rum!«

☺

In einem Schweigekloster darf alle acht Jahre zu Weihnachten ein Mönch einen Satz sagen. So auch dieses Jahr. Der Mönch, der dran ist, sagt: »Die Kartoffeln sind zu weich.« Acht Jahre später, es ist wieder Weihnachten, der nächste Mönch darf einen Satz sagen: »Die Kartoffeln sind zu hart.« Erneute acht Jahre später, wir feiern Weihnachten, sagt der nächste Mönch stocksauer: »Wie soll ich bei dem Gemecker in Ruhe essen können?«

☺

Beim Kindergeburtstag der Kindertagesstätte der Grünen.
»Kommst du mit zur Schnitzeljagd, Ferdinand?«
»Nein, Jakob, ich bin Vegetarier.«

☺

»Sie haben vielleicht Nerven!«, antwortet der Bankdirektor, als er von der Reinigungsfrau nach dem Tresorschlüssel gefragt wird.
»Warum sollte ich gerade Ihnen den Schlüssel geben?«
»Ganz ehrlich«, sagt die Dame, »Ich bin's wirklich leid, wenn ich ihn zum Saubermachen immer mit der Nagelschere öffnen muss!«

☺

»Das Kleid sieht toll aus, Marina«, schwärmt die Freundin, als sie Marina in dem maßgeschneiderten Fetzen sieht. »Ist wohl der letzte Schrei?«
»Eher der vorletzte«, meint Marina, »den letzten werde ich wohl von meinem Mann hören, wenn er den Preis erfährt!«

☺

»Wenn ich nicht sofort 1000 Euro auftreibe, muss ich mich erschießen! Kannst du mir nicht helfen?«
»Ich bedaure, ich habe leider keine Knarre!«

☺

Zwei Orchestermusiker unter sich: »Warum, Pit, kann unser Dirigent eigentlich gefahrlos zwei Finger in die Steckdose stecken?«
»Na, weil er ein schlechter Leiter ist ...«

☺

»Sie scheinen doch recht gebildet, verehrter Zeuge«, äußert der Richter bei der Verhandlung.
»Ja, danke, Herr Vorsitzender. Da ich unter Eid stehe, kann ich das Kompliment leider nicht erwidern.«

☺

Bei einer Fastfood-Kette in München.
»Mama, ich möchte einen Hamburger«, bittet die
18-jährige Franka.
Darauf die Mama:»Na, an Preiß nimmst du neda!«

☺

Drei Buben, der eine ein Italiener, der zweite ein
Deutscher, der dritte einer aus der Schweiz,
unterhalten sich übers Kinderzeugen.
Der kleine Italiener erklärt: »Das geht nur mit
Erotik.«
Der deutsche Junge meint: »Bei uns bringt der
Storch die Babys.«
Darauf der Schweizer: »Also, bei uns ist das von
Kanton zu Kanton ganz verschieden!«

☺

Unterhalten sich zwei Arbeitskollegen während
einer Streikphase.
»Was ist der Unterschied zwischen dem Knast
und unserem Laden hier?«
»Keine Ahnung!«
»Ganz einfach: Im Knast weißt du wenigstens,
wann du irgendwann entlassen wirst!«

☺

Konrad führt ein Gespräch mit seinem Schwiegersohn in spe: »So verschuldet wie Sie sind, junger
Mann, wollen Sie allen Ernstes meine Angelika
heiraten?«
Darauf der Gefragte: »Na, wissen Sie etwa einen
anderen Ausweg?«

☺

Die Freundin tröstet die Glühwürmchen-Witwe:
»Wenigstens hat er nicht gelitten.«
»Ja, es war ein Kurzschluss!«

☺

Welche Musik lieben die Schotten am meisten?
Den Rock natürlich.

☺

Ein Angler hatte einen Glückstag. Doch er wirft
seinen ganzen Fang wieder zurück ins Wasser.
Ein anderer Angler betrachtet das seltsame Spiel
und fragt: »Sind Sie nicht bei Trost? Wenn man
mal so eine Glückssträhne hat?«
Sagt der: »Was soll ich machen? Ich soll Fischstäb-
chen mitbringen, hat's zu Hause geheißen!«

☺

Zwei Stammtischbrüder streiten sich: »Josef«, schreit Helmut und schlägt mit der Faust auf den Tisch, »viel trennt dich nicht mehr von einem Volldeppen!«
»Stimmt«, meint Josef, »nur noch der Kasten Bier, der zwischen uns steht!«

☺

Pit schaut ins Schaufenster eines Motorradgeschäftes. Nach einer Weile gibt er sich einen Ruck, geht in den Laden, zeigt auf eine herrliche Maschine und fragt den Verkäufer: »Wie lange müsste ich zahlen, wenn ich dafür jeden Monat ungefähr zwei Euro hinblättere?«
»270 Jahre, mein Junge«, meint der Verkäufer.
Pit darauf glücklich: »Die Maschine ist gekauft!«

☺

Tiberius joggt am Ufer entlang und fällt in den See. Er schreit voll Angst: »Ich habe keinen Grund!«
Da fragt ein Passant vom Ufer aus: »Warum schreist du denn dann so erbärmlich, wenn du keinen Grund dazu hast?«

☺

Agathe wird von ihrer Arbeitskollegin zum Tee eingeladen.
Die Arbeitskollegin beschreibt ihr den Weg: »Hausnummer 29, Parterre, die Tür links. Und klingeln Sie einfach mit dem Ellenbogen.«
»Mit dem Ellenbogen?«, fragt Agathe verdutzt.
Darauf die Kollegin: »Na, Sie werden doch etwa nicht mit leeren Händen kommen wollen?«

☺

Welcher Musiker ist am klügsten?
Der Pauker.

☺

Zwei Fakire räkeln sich auf ihren Nagelbetten.
»Was machst du morgen«, fragt der eine den anderen.
»Ich hab so Rückenweh und muss zum Spritzen!«
»Du denkst auch nur ans Vergnügen, was?«

☺

Zwei Kannibalen essen einen Clown.
Sagt der eine Kannibale zum anderen: »Schmeckt der Typ nicht irgendwie komisch?«

☺

Ein junger begabter Bauchredner tritt in Abend-
lokalen auf. Eines Nachts zeigt er seine Kunst im
Gasthaussaal eines kleinen Ortes auf dem Lande.
Mit seiner Rednerpuppe auf seinem Knie bringt
er unter anderem sein gewohntes Repertoire an
Blondinenwitzen. Einer jungen, hübschen Blondine in der vierten Reihe wird das nach einer kurzen Weile zu bunt. Sie steht auf und protestiert
lautstark:
»Ich habe nun genug von Ihren blödsinnigen Blondinenwitzen gehört. Wie können Sie es wagen,
alle Blondinen in diese stereotype Dümmlich-
keitsmaske hineinzwängen zu wollen?! Was hat
die Farbe des Haares mit dem Wert einer Person
als menschliches Wesen zu tun? Es sind Kerle wie
Sie, die verhindern, dass Frauen wie ich im Arbeits-
umfeld und Gemeinwesen respektiert werden
und somit nicht das volle Potenzial der möglichen
persönlichen Entwicklung erlangen. Sie und Ihres-
gleichen verewigen die Diskriminierung nicht
nur der blonden, sondern aller Frauen generell
und das noch dazu unter dem Deckmantel des
Humors!«
Dem Bauchredner ist die Szene ungemein pein-

lich. Er beginnt sich zu entschuldigen, aber die Blonde schreit ihn an: »Sie halten sich da raus! Ich spreche mit dem Arschloch, das auf Ihrem Knie sitzt!«

☺

Zwei Männer sonnen sich auf einer Parkbank. Einer fängt an, Apfelkerne zu essen. Da fragt der andere: »Wieso essen Sie denn Apfelkerne?«
Die Antwort: »Weil Apfelkerne klüger machen.«
Der andere fragt weiter: »Wie viel kosten denn ein paar Apfelkerne?«
Die Antwort: »Sechs Euro.«
»Oh, dann möchte ich Ihnen für sechs Euro welche abkaufen«, bittet der eine.
Als er ein paar Kerne gegessen hat, sagt er: »Sechs Euro, das ist allerdings ein sehr hoher Preis.«
Lächelnd kommt die Antwort: »Sehen Sie, es wirkt schon.«

☺

»Dass wir in einen Thriller gehen, weiß ich ja«, meint Hans zu seiner Beate, »aber ich hatte ja keine Ahnung, dass mir schon beim Eintrittspreis das Grauen kommt!«

☺

Ein Profisportler hat sich richtig erkältet. Die Grippe hat ihn erwischt, und er kommt schniefend und hustend zum Arzt. »Eine saubere Grippe haben Sie mit 40 Grad Fieber!«, stellt der Arzt fest.

Da meint der Sportler: »Und wo steht der Rekord?«

☺

Im Urlaub treffen sich zwei alte Studienkameraden zufällig auf der Fähre. Große Freude und die gegenseitige Fragerei nach dem werten Befinden.

»James, was arbeitest du jetzt eigentlich?«, fragt Otto.

»Ich arbeite an meiner dritten Million«, protzt James.

»Ja, super! Und wie lief's mit den ersten beiden?«

»Gar nicht!«

☺

7.30 Uhr: Morgengymnastik im Seniorenheim. »Beginnen wir gleich mit der heutigen Übung, liebe Anwesende: Auf ... nieder ... auf ... nieder ... und nun wechseln wir das Augenlid.«

☺

Bei einem Zoobesuch sagt die Mutter besorgt zu ihrer kleinen Sandra: »Liebes, geh sofort von dem großen Tiger weg!«

Meint das Töchterchen seelenruhig: »Wieso, Mama, ich tue ihm doch gar nichts.«

☺

Hugo: »Warum haben Flugzeuge Propeller?«

Gerd: »Damit die Piloten nicht so schnell schwitzen!«

Hugo: »So ein Blödsinn!«

Gerd: »Doch, ich habe selbst gesehen, wie ein Pilot ins Schwitzen kam, als einer der Propeller ausfiel!«

☺

Ein Schotte kommt in die Drogerie: »Reparieren Sie auch Zahnbürsten, bei der hier fehlen einige Borsten?«

»Bitte, dann kaufen Sie doch mal eine neue.«

»Moment, Moment, da muss ich erst nachfragen, es handelt sich um eine Familienbürste!«

☺

Sagt der Indianerhäuptling zu seinem Sohn: »Also, Grüner Bär! Wie stark muss das Feuer sein, wenn du Rauchsignale geben willst?«

Grüner Bär: »Hängt ganz davon ab, Papa, ob du ein Orts- oder Ferngespräch führen willst!«

Eine Quizshow in Ostfriesland. Zwei Kandidaten, darunter ein Schwerhöriger, stehen sich bei der Endausscheidung eines Quiz gegenüber.

»Wer die nächste Frage richtig beantwortet, hat das Quiz gewonnen«, erklärt der Spielleiter.

Der schwerhörige Ostfriese ist zuerst an der Reihe.

Der Spielleiter: »Wer hat denn die Dampfmaschine erfunden?«

Murmelt der greise Ostfriese: »Watt?«

Jürgen bestürmt seine Gerda: »Liebste, möchtest du mich heiraten?«

»Schon möglich, aber nur, wenn dein Einkommen viele Nullen hat!«

Darauf Jürgen: »Das passt, es enthält nur Nullen!«

☺

Zwei Pfarrer unterhalten sich über die Kollekte. Der erste meint: »Ich nehme mir immer die Scheine raus, das Kleingeld bekommt der Herr.«
Sagt der zweite: »Also ich mache das anders, ich nehme die ganze Kollekte, werfe sie hoch und sage: ›Nimm, Herr, was du brauchst.‹ Und was wieder herunterfällt, gehört mir.«

Damals in der DDR ...
»Du, Walter! Hier lese ich gerade, dass die DDR zu den führenden Industrienationen der Welt gehört! Ich glaube, das schreibe ich mal unserem Onkel in Passau!«
»Ja, mach das! Und schreib ihm auch, er soll gleich ein paar Rollen Klopapier mitschicken!«

Ein Missionar trifft tief im Urwald einen Medizinmann, der wild auf seine Buschtrommel einschlägt:
»Was ist los?«, fragt der Missionar.
»Wir haben kein Wasser«, erwidert der Medizinmann.
»Und nun beten Sie um Regen?«
»Ach wo, ich rufe nach dem Installateur!«

☺

Hat der Vollmond Auswirkungen auf das Sexualleben der Menschen?
Manchmal schon, man kann die Nachbarn besser mit dem Fernglas beobachten …

☺

Wie heißt die Weltmeisterschaft der Exhibitionisten?
Trench Open …

☺

Sherlock Holmes und Dr. Watson sind am Zelten. Mitten in der Nacht wird Dr. Watson von Sherlock Holmes geweckt. Er wird von ihm gefragt, was er sieht.
»Ich sehe Sterne am Himmel.«
»Und was hat das zu bedeuten?«
Daraufhin antwortet Dr. Watson. »Dass es im Universum sicherlich intelligentes Leben gibt. Und sehr viele Planeten.«
»Quatsch. Man hat uns gerade das Zelt geklaut.«

Auf die Plätze, fertig, losgelacht!

Der superdicke Witze-Spaß von Hanns G. Laechter

978-3-453-68550-5

Der große Witze-Hammer
978-3-453-68542-0

Der große Witze-Brüller
978-3-453-68552-9

Der große Witze-Knüller
978-3-453-68550-5